W0061546

With compliments

MEINE BESTEN
IDEEN, TIPS UND
REZEPTE FÜR
DIE SCHÖNSTEN
STUNDEN
DES JAHRES

HERBIG

GERD KÄFER

FEIERN WIR EIN FEST

Silvester

Fasching

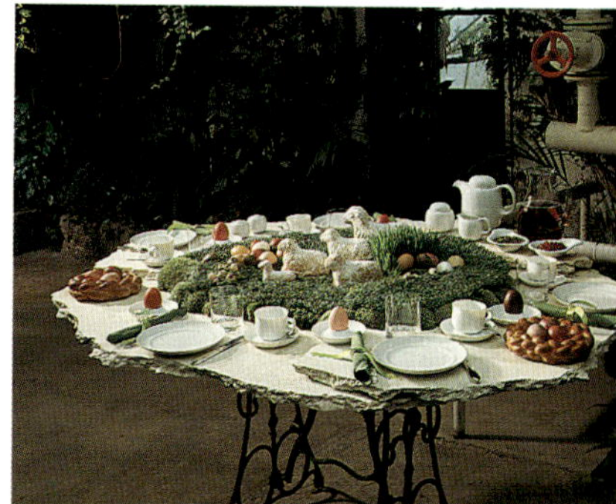
Ostern

Brunch

Hochzeit

Zeltfest

Isarparty

Kinderfest

Erntedank

Weinfest

Jagdparty

Weihnachten

Inhalt

Seine Dienste als König der Gastgeber sind weltweit gefragt – ob in Moskau oder Paris, in Bayern oder Texas. Das Geheimnis seines Erfolges (und dieses Buches): Jedes einzelne Fest, ob für zwei oder zweitausend Personen, ist für ihn das wichtigste! »Ich will verwöhnen, will Erlebnisse und Eßkultur als leichte Glückseligkeit in schönem Rahmen bieten.« Sein Einsatz: konzentrierte Arbeit, erstklassiger Service, Ideenreichtum, Talent und über dreißigjährige Erfahrung in seinem Metier. Man nennt ihn: »Gerd Käfer – der Einmalige« ...

Feste zu feiern und mit Freude zu organisieren – das braucht sich keineswegs zu widersprechen (wenn man es richtig macht), und Gerd Käfer ist dafür als Mensch und Geschäftsmann das beste Beispiel. Auf den ersten Blick wirkt er gemütlich-charmant, seine Augen schauen gelassen durch eine super-modische Nickelbrille, seine Stimme klingt bayerisch-behaglich ... Doch in Sekundenschnelle ist's mit diesem Eindruck vorbei, wie es von Rolf Zehetbauer (rechts) nicht treffender beschrieben werden konnte. Dann nämlich, wenn er sich seinem Beruf hingibt, was im übrigen nicht selten 16 Stunden am Tag notwendig ist. Denn Gerd Käfer leitet mit seiner Familie und einem Stab von über 600 Mitarbeitern ein breitgefächertes Gourmet-Imperium. Dessen Stützpfeiler:

- Der Party-Service – für rund 100 Veranstaltungen pro Woche (über 40 000 waren es bisher)
- das Feinschmeckerlokal – mit seinen herrlichen Stuben voller Antiquitäten und insgesamt 350 Sitzplätzen (siehe Einstiegsfoto)
- das Feinkostgeschäft – mit Schlemmerköstlichkeiten aus aller Welt
- die Boutique – mit vielen Geschenk-Ideen
- der Restaurationsbetrieb für acht Münchner Theater und schließlich das Käfer-Zelt jedes Jahr auf dem Oktoberfest.

Ausnahmslos ein florierendes Unternehmen!

Gerd Käfer, also ein gemachter Mann, der sich's in der Chefetage bequem macht? Das könnte man meinen, wenn man zudem noch von seinen zahlreichen Auszeichnungen für Küche und Keller, für sein Engagement und seine Leistung weiß (einschließlich dem Bundesverdienstkreuz und dem Bayerischen Verdienstorden). Aber es gibt heute kaum ein von Käfer ausgerichtetes Fest, bei dem er sich nicht bemüht, anwesend zu sein, um auch noch selbst mit Hand anzulegen.

»Persönlicher Einsatz ist alles! Da fühle ich mich meinen Leuten gegenüber verpflichtet, dem Gastgeber und den Gästen. Meine Hauptmotivation ist nicht der Verdienst. Schön muß es sein, Spaß möcht' ich haben ...«

An Spaß war allerdings nicht allzu sehr zu denken, als Gerd Käfer die ersten Sprossen seiner Karriereleiter erklomm, auch das nette Klischee vom Tellerwäscher, der fröhlich zum Millionär wurde, trifft auf ihn nicht zu. Obwohl: Als »Selfmademan« sah er sich bereits mit 19 Jahren, als er 1951 trotzig das Elternhaus und das kleine Feinkostgeschäft seines Vaters verließ, um sich mit einer Delikatessen-Boutique selbständig zu machen.

In kaufmännischer Hinsicht war das Lehrgeld aber dann so hoch, daß Ruin und Rückkehr hinter Vaters Ladentisch angesagt waren. Gerade noch rechtzeitig ging ihm das berühmte »Licht« auf, als er in einer geräumigen Garage seine erste Party für hundert Leute inszenierte — mehr eine Gefälligkeit für einen Freund zur Hochzeit. Sein unglaubliches Geschick, eine Feier stimmungsvoll zu gestalten und mit allem Drum und Dran auszustatten, zeigte sich und fand uneingeschränkten Beifall.

Daran hat sich bis heute nichts geändert, auch wenn schier unermeßliche Ansprüche mancher Gastgeber zu erfüllen waren.

Für ihn ist nichts ein Problem — viele Lehrjahre zäher Ausdauer und unermüdlichen Einsatzes liegen schließlich hinter ihm. Und er hat einen bestimmten Stil geprägt — das Ambiente, die Stimmung, in der ein Essen, ein Fest stattfindet — der immer wieder begeistert, und ihn zum größten Party-Ausrichter Deutschlands werden ließ.

Welcher Mammutbetrieb nun aber dahintersteckt, ist kaum vorstellbar. (Einen Eindruck vermittelt Ihnen das Schlußkapitel dieses Buches).

Gerd Käfers grundsätzliche Einstellung: »Ich seh' mich halt als Tafeldecker, als Künstler, der managt ...« Nun, hier tut er es ausschließlich für Sie, liebe Leserin, lieber Leser, und seine immer wieder neuen Gastgeber-Ideen vermittelt er Ihnen mit Freude. Schließlich lautet sein ganz persönliches Motto: Dienen — erfinden — zaubern.

Danke fürs Verzaubern, Gerd Käfer!

Petra Uttlinger-Lisker

»Kennen Sie
jemanden, der an sieben
Telefonen gleichzeitig
telefonieren kann
und außerdem noch ein
Gespräch mit wichtigen
Kunden führt?«

»Kennen Sie jemanden,
der Ideen aus sich heraussprudelt,
wie die Niagara-Fälle?«

»Kennen Sie den, der Sie von
einem Superdiner überzeugt, obwohl Sie nur Kartoffelsuppe
mit Würstchen wollten?«

»Kennen Sie aber auch
einen, der Ihnen ein
Superbuffet ausredet und
eine wesentlich preiswertere
Kartoffelparty anbietet?«

»Haben Sie einen erlebt,
der an einem Abend auf
zehn Partys
gleichzeitig erscheint?«

»Ist Ihnen einer zu Ohren
gekommen, der tobt wie ein
Wahnsinniger, aber
gleichzeitig Tränen ob seines
Ausbruches unterdrückt?«

»Oder jenen, der in einer Minute
500 Sätze spricht?«

»Sie müßten ihn kennen,
denn er kennt alle.«

»Kennen Sie einen meiner besten
Freunde?
Es ist Gerd Käfer!«

Rolf Zehetbauer
— Designer, Oskar-Preisträger —

Edel verpflichtet

Lebendiges Schwarzweiß: Verführen Sie zu einem ganz besonderen Jahreswechsel...

SILVESTER

Einladung
GERHARD MARCKS
DEUTSCHE BUNDESPOST
60
LINDA HORN
8000 München 5

Für seine Freunde hatte ein guter Bekannter von mir jahrelang die schönsten Silvesterfeste ausgerichtet. Bis er einmal beschloß, sich selbst einladen zu lassen. Sein einziges Problem: Würde er sich für eine der vielen Einladungen entscheiden können, um nicht zuletzt wie Bileams Esel zwischen zwei Heubündeln zu verhungern? Aber es kam anders: Er wurde überhaupt nicht eingeladen – fühlte sich fürwahr wie ein Esel, sah sich verbittert vor dem Fernseher und anschließend mit Ohropax im Bett. Doch dann kam die Überraschung: Mit einem Riesen-Hallo holten ihn ein Dutzend seiner Freunde mit Bus samt Chauffeur ab und luden ihn zu einem Lokalbummel ein, der es in sich hatte: Zum Eröffnungscocktail wurde er in dieses Lokal kutschiert, zur Vorspeise in jenes, den Hauptgang nahmen sie im besten Restaurant am Platze ein, und den Champagner gab's Schlag zwölf auf dem Münchner Fernsehturm. Die Freunde hatten alles schon Wochen vorher arrangiert … Was ich mit dieser Geschichte ausdrücken will: Seien Sie ein Gastgeber mit großzügigem Herzen, der nicht unbedingt an eine Revanche denkt. Denn es zahlt sich doch auch für Sie selbst aus. Wie meinte schon Wilhelm Busch: »So kommt es denn zum Schluß heraus, daß Sie ein ganz famoses Haus!« Nun, um diesen Beweis anzutreten, eignet sich eine Silvesterparty ganz besonders …

Delikat und effektvoll: Dieser Lychee-Cocktail ist ein stimmungsvoller Auftakt für Ihr Silvesterfest (Rezept S. 17)

Meine Ideen

Die Nacht vor Neujahr ist etwas ganz Besonderes: Optimismus liegt in der Luft, die Erwartungen sind hoch — im neuen Jahr soll alles noch besser, schöner, erfolgreicher sein. Entsprechend hoch sind auch die Ansprüche an das Fest der Feste.

Nun ist ausgerechnet die Zeit der kritische Punkt an Silvester. »Rund um die Uhr« darf keine abwartende Langeweile entstehen. Um dieses Problem zu entschärfen, müssen Ihre Gäste von der ersten Minute an beschäftigt und bei Laune gehalten werden. Das gelingt am besten mit einer Idee, einem Motto für Ihr Fest, das — bis in viele Kleinigkeiten durchgezogen — allen Beteiligten Spaß macht und die Phantasie wie auch die Unterhaltung anregt. Die optischen Effekte sind dazu ein guter Auftakt.

Hier, bei meinem Schwarz-Weiß-Thema, werden die Gäste schon durch die Einladung mit dem Zylinder auf den festlichen Rahmen eingestimmt. Ein Lychee-Cocktail (weiß) mit Cocktailstäbchen (schwarz) paßt glänzend zum Motto und lockert die Stimmung. Ebenso, wenn später das lecker und liebevoll gestylte Essen auf originelle Art erst erobert werden muß: Mit Scheren müssen die Gäste die durchsichtige Verpackung des Tisches erst aufschneiden, ehe sie sich das Essen munden lassen können.

Was den Menu-Plan angeht: Es muß nicht immer Kaviar sein — so dekorativ er sich auch — umgeben von gekochtem und gehacktem Eiweiß oder Crème fraîche — passend zum Schwarz-Weiß-Thema macht. Eine einfache Bauern-Terrine kann neben dem exzellenten Geschmack auch optisch gut ins schwarz-weiße Bild passen (Rezept S. 16). Appetitlich und dekorativ sind große schwarze Miesmuscheln, beispielsweise gefüllt mit Perlhuhnbrüstchen in heller Champagnersauce mit Trüffelraspeln. Zitronen-Eis mit frischen Zuchtheidelbeeren oder Kokosnußeis mit Cassis-Sauce runden das »Motto-Essen« ab.

Die Tischdekoration bietet ebenfalls eine Fülle von Möglichkeiten: Neben weißen Blüten können Sie auch ganz schnell mit Farbspray schwarze Blumen als Tischschmuck zaubern. Effektvoll wirkt auch schwarz-weißes Konfetti.

Die Platzteller oder Platzsets wählen Sie in Schwarz — darauf passen schlichte weiße Teller — oder noch schöner: ein schwarz-weißes Dekor, wie das hier präsentierte und von Pierre Cardin entworfene »Accent«.

Wie wär's mit »Beschäftigungsmaterial« auf dem Festtisch: Dominosteine, Würfel, schwarze Papierlose mit weißen und »weisen« Glückssprüchen darauf, Murmeln? Das weckt den Spieltrieb, der Ihre Gäste zueinander führt.

Bestens geeignet ist dafür auch ein Silvesterfest unter dem Motto »Astrologie«. Esoterisch angehauchte Freunde werden sich bestätigt fühlen, und Sie haben im wahrsten Sinne des Wortes »phantastische« Möglichkeiten, Ihre Räume in Nachtblau und Gold, mit meterweise Tüll und vielen Sternchen, zu gestalten. Auch die Tischdekoration können Sie darauf abstimmen, indem Sie aus Lackpapier ausgeschnittene Monde als Tischsets verwenden und Spiele zum Orakeln, wie Karten oder Pendel, anbieten. Eine Wahrsagerin — Profi oder Laie — mit geheimnisvollem Ambiente, Kugeln und Karten, wäre natürlich eine Attraktion. Mystisch wirkt auch eine große flache Schale, die Sie mit Wasser füllen und Schwimmkerzen sowie Flitter darin verteilen. Später wird dann die Schale fürs Bleigießen verwendet.

Auch die Speisen und Getränke können Sie der astrologischen Idee unterordnen: Vom »Nostradamus-Cocktail« (das kann etwa die gute, alte Feuerzangen-Bowle sein) bis hin zum »Mars-Konfekt« gibt's ein »überirdisches« Angebot. Dazu passen natürlich auch bestens züngelnde Flammen unter einem Fondue-Topf. Vielleicht entschließen Sie sich dazu, das Fleisch einmal statt in Fett in einer Brühe garen zu lassen. Das ist zum einen bekömmlicher, zum anderen haben Sie gleich nach Mitternacht eine sehr gehaltvolle Bouillon, die Sie mit winzigen sternchenförmigen Nudeln oder Eierstich servieren können.

Sieht bestechend aus, schmeckt ausgesprochen gut und läßt sich lange vor der Zeit zubereiten: Bauern-Terrine mit Trüffeldekor im Schwarz-Weiß-Look (Rezept S. 16)

Damit vor lauter Feiern der wichtigste Moment garantiert nicht verpaßt wird, läutet der Wecker jedem Gast das Neue Jahr ein: originelle Tischdekoration mit praktischem Nutzwert

Daß Sie nach einem warmen Essen einen fix und fertigen Nachtisch servieren, der keine zusätzlichen Handreichungen mehr nötig macht, ist gewiß in Ordnung.

Vielleicht bieten Sie überhaupt unter dem Motto »Vier Jahreszeiten« ein Obst-Büffet mit leckeren süßen Salaten an. Dazu können Sie auch, natürlich auf ganz charmante Art, Ihre Gäste bei den Vorbereitungen mit einbeziehen. Für einen Orangensalat beispielsweise schälen Ihre Gäste die Früchte selbst, filetieren sie und mischen sie dann in der »Gemeinschaftsschüssel« mit Orangenzucker, den Sie vorbereitet haben (Schale einer Orange reiben und mit feinem Zucker mischen). Einerlei, wie Sie Ihr Fest in punkto Essen gestalten: Bieten Sie zusätzlich noch einen Extra-Tisch für stille Genießer an. Zur Selbstbedienung gibt's dort eine Käse-Auswahl, in großen Stücken appetitlich mit Obst drapiert. Ebenso wird es dort auch Bier, Weiß- und Rotwein mit den dazu passenden Gläsern geben. Und da sich erfahrungsgemäß die Gesellschaft zu vorgerückter Stunde gern in der Küche einfindet: Laden Sie zum großen Spiegeleier-Fest nach Mitternacht. Ein Korb mit braunen Eiern steht neben dem Herd bereit – für jeden Gast sind zwei Eier mit seinem Namen beschriftet. Daneben stehen Schälchen mit gekochten und gehackten Eiern, Schnittlauch, Zwiebeln und vielleicht auch Kaviar zum Verfeinern. So kann sich jeder selbst seine Eier in die Pfanne hauen, ein jeglicher auf seine Art ...

Meine Tips

Die Einladung sollte so persönlich sein, daß Ihr Gast annehmen muß, es käme nur auf ihn an — was ja durchaus sein kann.

- Schicken Sie jedem als Aufmunterung einen Karton mit sechs einfachen Sektgläsern (oder nur mit vieren, damit noch ein Piccolo Platz hat). Den Karton können Sie hübsch dekorieren, zum Beispiel mit Lackfolie bekleben. Mit farbigem Lackstift können Sie auf den Gläsern Ihr Fest ankündigen: Datum, Uhrzeit, Motto, Kleidertip. Und wenn Sie selbst besondere Wünsche an Ihren Gast haben, schreiben Sie diese auf kleine Papierröllchen, die Sie in die Gläser stecken.
- Besonders persönlich wirkt eine Einladung zu Silvester, die mit einem Horoskop verbunden ist. Das gibt's passend für jeden Geburtsmonat oder sogar Geburtstag für ein paar Mark. Oder schicken Sie ein Büchlein mit weisen Sprüchen. Denn: »Dein kluger Kopf ist gerade heute gefragt.«

Die Tischkarte darf an diesem Abend schon recht originell gestaltet sein:

- Jeder Gast erhält seinen eigenen Wecker: Er ist passend zu den Farben des Festes ausgesucht (gibt's in jedem Kaufhaus) und beim Gedeck plaziert. Klar, daß jeder Gast sofort den Alarmzeiger seines Weckers auf 24 Uhr einstellt. Wetten, daß das Läuten hervorragend zum Knallen der Champagnerkorken paßt?
- Wiederum eignet sich ein Horoskopbüchlein auch als Tischkarte — freilich nach besonderer Art beschriftet: »Für Margot, die bezaubernde Jungfrau«.

Die Unterhaltung kommt in Schwung, wenn Ihre Gäste gebeten wurden, etwas dazu beizusteuern, denn: Wer will da schon zurückstehen?

- Verlangen Sie von Ihrem Gast als »Eintrittskarte« zunächst ein möglichst »apartes« Foto mit dem Bekunden »Wir werden mal sehen, ob Du im Neuen Jahr auch noch so aussiehst!« Da wird nämlich per Polaroid der Gast noch einmal fotografiert, wobei Mimik und Gestik des mitgebrachten Konterfeis möglichst genau nachgestellt werden müssen.
- Wünschen Sie sich von jedem Ihrer Gäste zur Programmgestaltung einen Solo-Auftritt — ganz nach seiner Wahl. Möglich, daß der eine ein Gedicht aufsagt, ein anderer ein Lied zum Besten gibt oder jener seine Gitarre auspackt. Doch als Gastgeber müssen Sie sich auch beteiligen — und sei es mit einem Trompeten-Solo um Mitternacht — für das Sie notfalls jemanden engagiert haben!

Ein Abschiedsgeschenk ist garantiert eine nette Erinnerung. Das kann sein:

- Ein Glas mit Rollmöpsen oder Gurken.
- Ein Büchlein mit witzigen Jahressprüchen oder ein witziger Kalender.
- Ein Geldbeutel, gefüllt mit 100 Pfennigen als Glücksbringer — auf daß er wohlgefüllt bleibe.

Der verpackte Tisch — ein ganz individuelles Geschenk für Ihren Gast. Jeder schneidet mit der eigenen Schere die Folie auf und packt sein kulinarisches Überraschungspaket aus: Von der Pastete bis zum Kaviar steht alles liebevoll arrangiert bereit

Linda

Glanzvolle Umhüllung

Eine einfache Idee mit toller Wirkung: Packen Sie Ihren fix und fertig eingedeckten Tisch doch so verheißungsvoll wie hier ein. So wird's gemacht: Unter dem Tischfuß werden sternförmig sechs Bahnen Klarsichtfolie ausgelegt. Bahn für Bahn wird zur Mitte nach oben gezogen und von einem Helfer festgehalten. Die Folien werden dann oberhalb des Tisches mit einem Nylonfaden zusammengefaßt und damit an einem Deckenhaken festgebunden. Das Ganze wird mit einer großen Schleife dekoriert. An Bändern hängen Scheren – für jeden Gast eine, die mit seinem Namen graviert ist.

SILVESTER-GEHEIMNIS

Gäste brauchen etwas zum Spielen. Gerade zu Beginn des Festes, während Sie noch damit beschäftigt sind, neue Gäste zu empfangen, können die schon Angekommenen sich spielerisch näherkommen. Verteilen Sie – wie zufällig – als hübsche Tischdekoration zum Beispiel Murmeln, auch Dominosteine oder sogar kleines aufziehbares Spielzeug – Springmäuse, Autos. Sie werden sehen – da kann keiner widerstehen …

Feine Bauern-Terrine

(Abbildung S. 13)
Rezept für 10 Personen bzw. für eine Pastetenform mit etwa $1\frac{1}{2}$ l Fassungsvermögen:

500 g Geflügelleber, 2 EL Öl, 200 g Putenfleisch, $\frac{1}{4}$ l süße Sahne, Salz, Pfeffer aus der Mühle, $\frac{1}{2}$ TL Pastetengewürz, 1 TL Fleischextrakt, jeweils 1 Bund frische Kräuter: Rosmarin, Basilikum, Petersilie, Kerbel, Thymian. Außerdem: 250 g fetter Speck in feinen Scheiben

Für die Fleischmasse: Geflügelleber fein würfeln, im mittelheißen Öl kurz anbraten, dann beiseite stellen. Putenfleisch durch den Fleischwolf drehen oder im Blitzhacker zerkleinern. Angebratene Leber und

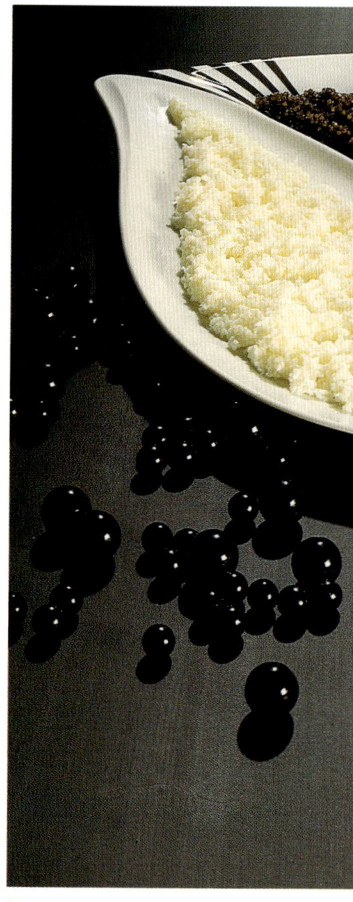

Putenhackfleisch mit der Sahne vermischen und mit Salz, Pfeffer, Pastetengewürz und Fleischextrakt würzen. Frische Kräuter waschen, gut abtropfen lassen und grob hacken. Dann unter die Fleischmasse mengen. Pasteten-

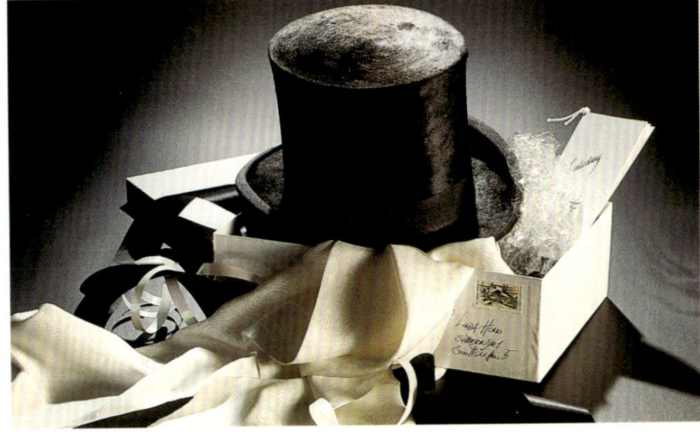

form mit Speckstreifen auslegen, Fleischmasse einfüllen und mit Speckscheiben belegen. Die Terrine ca. 50 Minuten im heißen Wasserbad zugedeckt sieden, aber keinesfalls kochen lassen. Die Bauern-Terrine kann heiß oder kalt serviert werden. Kalt kann sie noch mit einem Dekor aus Kräutern oder Trüffeln versehen werden, über das Aspik gezogen wird.

Kaviar üppig

Ein Traum in Schwarz und Weiß: Kaviar großzügig in einer flachen Schale serviert, umrahmt von gehacktem Eiweiß als Krönung zum Champagner. Manchmal muß es eben doch Kaviar sein ...

Lychee-Cocktail

(Abbildung S. 10/11)

Rezept für 10 Cocktails (etwa 1 Liter):

Eine reife, frische Ananas und 20 Lychees schälen (oder Früchte aus einer 1/1 Dose nehmen). Das Fruchtfleisch von ⅔ Lychees und ⅓ Ananas sowie frischen Zitronensaft im Mixer pürieren. Mit 8 cl Curacao oder Lychee-Likör und 6 cl Karibik-Rum abschmecken. Das Ganze mit Champagner oder mit Bitter Orange auffüllen. Jedes Cocktailglas mit Lychee-Früchten auf Spießchen dekorieren.

Liebes-Cocktail

Gießen Sie in einen großen, gläsernen Krug ganz langsam über Eiswürfel und eine abgeschälte Zitronenschale eine Flasche Champagner und eine 0,25-Liter-Flasche Apollinaris. Eine Erfrischung, die lieb und locker macht!

Gala-Einladung

Dieser Zylinder bringt alles unter einen Hut: das Motto für ein Silvester-Fest in Schwarz-Weiß und die Bitte, vom Outfit her mitzuspielen. Eine feine Aufmunterung, die Sie am besten frühzeitig genug abschicken.

Übrigens:

»Wird's besser, wird's schlimmer, fragt man alljährlich. Seien wir ehrlich: Leben ist immer lebensgefährlich.«
Diese Weisheit von Erich Kästner darf aber nicht gleich in den ersten Stunden des neuen Jahres aktuell werden. Sorgen Sie also dafür, daß Ihre Gäste gut nach Hause kommen. Organisieren Sie Taxen oder einen ganzen Taxibus schon vorab. Vielleicht regeln Sie unter der Hand auch das Finanzielle.

EXTRA REZEPTE

Mitternachtssuppen

Alle Rezepte sind für 10 Personen berechnet

Kalbsfußsuppe mit Wurzelgemüse

3 kg Kalbsfüße, 2 Bund Suppengrün, 2 Knoblauchzehen, 1 Zwiebel, 1 Lorbeerblatt, einige Pfefferkörner, 500 g Möhren, 500 g Navets (weiße französische Rübchen), 1 mittelgroße Stange Lauch, 1 kleine Stange Bleichsellerie, 1 Käfer-Gewürzbeutel, 1/4 l trockener französischer Weißwein, 1/2 Stange Meerrettich, 1 Bund frischer Majoran

Die Kalbsfüße in ca. 5 l kaltem Wasser aufsetzen, zum Kochen bringen und bei geringer Hitze garkochen. Dabei den sich bildenden Schaum mit einer Siebkelle abschöpfen — die Brühe soll klar bleiben. Inzwischen das Suppengrün waschen und putzen, die Knoblauchzehen häuten und die ungeschälte, halbierte Zwiebel in einer beschichteten Pfanne ohne Fett goldgelb rösten (gibt der Brühe eine kräftige Farbe). Alles mit dem Lorbeerblatt und den Pfefferkörnern zu den Kalbsfüßen geben und mitgaren. Sobald die Kalbsfüße gar sind — das Fleisch sollte sich leicht vom Knochen lösen —, herausnehmen, entbeinen und in Würfel schneiden. Die Brühe durch ein Haarsieb streichen. Das Gemüse (Möhren und Navets, Lauch und Sellerie) waschen, putzen und fein würfeln. Mit dem Gewürzbeutel und dem Weißwein zur Suppe geben und köcheln lassen. Das Fleisch hinzufügen und nochmal kurz miterhitzen. Zuletzt den Meerrettich putzen, raspeln und mit den abgezupften Majoranblättchen über die Suppe streuen.

Tip:
Der Überraschungseffekt ist sicher, wenn man die Kalbsfußsuppe in einem ausgehöhlten Kürbis serviert. Damit die Suppe nicht sofort kalt wird, den ausgehöhlten Kürbis im Backofen bei 120° ca. 20 Minuten vorwärmen.

Sauer-scharfe chinesische Suppe

2 Suppenhühner (à 1300 g), 50 g getrocknete chinesische Morcheln, 1 Stange Lauch, 1 große Karotte, 250 g Sojabohnenkeimlinge, 1 Dose Bambussprossen (500 g abgetropft), 10 Wachteleier, 10 Scheiben Ochsenmark, 200 g Glasnudeln, 2 EL Pfeilwurzel-Mehl, 4 cl Sherryessig, Dayong (chinesisches Gewürzpulver), Glutamat, Ingwerpulver, etwas Zitronengras, Sojasauce, 2 Chilischoten, 2—3 fertige Pfannkuchen, 2 Bund Schnittlauch

Die Suppenhühner in ca. 5 Liter kaltem Wasser aufsetzen, zum Kochen bringen und bei geringer Hitze weichkochen. Inzwischen die Morcheln 30 Minuten in lauwarmem Wasser einweichen. Anschließend das Einweichwasser durch eine Filtertüte gießen und beiseite stellen. Das Gemüse putzen und waschen. Den Lauch in Ringe und die Karotte in feine Streifen schneiden. Die Wachteleier kochen und pellen. Das Ochsenmark in Eiswasser wässern. Sobald die Hühner weich sind — das Fleisch sollte sich leicht vom Knochen lösen —, herausnehmen, entbeinen, häuten und in Würfel schneiden. Die Brühe durch ein Sieb gießen. Dann die Morcheln mit dem Einweichwasser, das Gemüse und die Glasnudeln in der Hühnerbrühe köcheln lassen. Das Pfeilwurzel-Mehl mit dem Sherryessig anrühren und die Brühe damit binden. Mit den Gewürzen, der Sojasauce und den Chilischoten (entkernt und in feine Streifen geschnitten) abschmekken. Zuletzt das Geflügelfleisch, die Wachteleier und die Pfannkuchen (in dünne Streifen geschnitten) hinzufügen und kurz miterhitzen. Vor dem Servieren die Ochsenmarkscheiben auf die heiße Suppe geben und Schnittlauchröllchen darüberstreuen.

Wirsingcreme-suppe mit Gänsestopfleber

1 kg junger Wirsing, 1 große oder 2 kleine Kartoffeln (ca. 120 g), 300 g Bauchspeck (geräuchert), 1 Gemüsezwiebel (ca. 120 g), 100 g Gänseschmalz, 2 l Rindfleischbrühe, 0,4 l süße Sahne, Salz, Pfeffer aus der Mühle, frisch geriebene Muskatnuß, gemahlener Kümmel, 200 g frische weiße Gänsestopfleber

Den Wirsing putzen, waschen und in grobe Streifen schneiden. Die Kartoffeln schälen, dann in Scheiben und den Speck in Würfel schneiden. Die Gemüsezwiebel häuten und ebenfalls würfeln. Anschließend das Gänseschmalz in einem großen Topf erhitzen und die Speck- und Zwiebelwürfel darin anschwitzen. Die Wirsingstreifen und die Kartoffelscheiben dazugeben, mit der Fleischbrühe aufgießen und in ca. 40 Minuten weichkochen. Dann die Suppe vom Herd nehmen, portionsweise im Mixer pürieren und anschließend durch ein Haarsieb streichen. Die Suppe mit Sahne verfeinern und nach Geschmack mit Salz, Pfeffer, Muskat und Kümmel würzen. Die Gänsestopfleber putzen, trockentupfen und in Würfel schneiden. Dann in einer beschichteten Pfanne ohne Fett kurz anbraten. Die heiße Suppe auf vorgewärmte Suppentassen verteilen und mit den gebratenen Leberwürfeln bestreut servieren.

Tip:
Anstatt mit Würfeln von Gänsestopfleber kann man die Wirsingcremesuppe auch mit geräucherter Entenbrust reichen. Die Entenbrust in hauchdünne Streifen schneiden und vor dem Servieren darüberstreuen.

Entenlebercreme-suppe

1 kg frische Entenleber, 1 Gemüsezwiebel (ca. 120 g), 100 g Entenschmalz, 4 cl Cognac, 4 cl Madeira, 2 l Geflügelbrühe, 0,5 l Crème double, Salz, Pfeffer aus der Mühle, 1 Bund frischer Majoran, 50 g Butter, 250 g frische Steinpilze

Die Entenleber waschen, putzen, trockentupfen und in Würfel schneiden. Die Gemüsezwiebel häuten, fein würfeln und im Entenschmalz glasig dünsten. Die Entenleber hinzufügen und mitdünsten. Anschließend mit Cognac flambieren und mit Madeira ablöschen. Die Geflügelbrühe dazugießen, erhitzen und ca. 25 Minuten köcheln lassen. Dann durch ein Haarsieb streichen. Die Crème double unterrühren und die Suppe mit Salz und Pfeffer abschmecken. Zuletzt mit Majoranblättchen bestreuen. Die Butter zerlassen. Die Steinpilze in Scheiben schneiden, darin anbraten, salzen und pfeffern. Die heiße Suppe mit den Pilzen servieren.

Erdnußcremesuppe mit Hühnerbrust

500 g Erdnüsse (in der Schale), 200 ml Erdnußöl, 2 l Hühnerbrühe, 100 g Erdnußpaste (ungezukkert), 0,4 l süße Sahne, Salz, wenig Cayennepfeffer, frisch geriebene Muskatnuß, gemahlener Zimt, 300 g Hühnerbrust (ohne Haut und Knochen)

Die Erdnußkerne aus der Schale lösen und in einem großen Topf in ca. 150 ml Erdnußöl goldbraun rösten. Anschließend mit der Hühnerbrühe aufgießen, erhitzen und ca. 15 Minuten kochen lassen. Inzwischen das Hühnerfleisch waschen, trockentupfen und in kleine Würfel schneiden. Die Suppe vom Herd nehmen und portionsweise im Mixer pürieren. Dann die Erdnußpaste und die Sahne sorgfältig unterrühren. Die Suppe mit Salz, Cayennepfeffer, Muskat und Zimt abschmecken. Zuletzt das gewürfelte Hühnerfleisch im restlichen Erdnußöl anbraten, in vorgewärmte Suppentassen geben und mit der heißen Suppe auffüllen. Sofort servieren.

EINLADUNGEN, GASTGESC

Eine schriftliche Einladung für ein Essen oder eine Feier gibt es zwar heute meist nur noch bei offiziellen Ereignissen wie einer Taufe oder Hochzeit.

Dennoch oder gerade darum kann es auch bei einem kleineren Fest eine besondere Aufmerksamkeit sein, Schwarz auf Weiß (oder auch umgekehrt) einzuladen. Es ist einfach ein Zeichen, daß Sie Ihre Gäste und das Fest wichtig nehmen.

Und außerdem: So nett eine Einladung bei einem persönlichen Gespräch oder am Telefon auch vermittelt werden kann – die schriftliche Form bietet neben der unmißverständlichen Bekanntgabe von Ort und Zeitpunkt auch die schönsten und originellsten Möglichkeiten der Gestaltung. Damit wird die Einladung zu einem anregenden Auftakt, deren Stil sich auf Ihre Gäste übertragen und auf das Fest einstimmen wird.

Datum und Uhrzeit

Schreiben Sie nicht nur: »nächsten Sonnabend ...« – das hat schon zu vielen Mißverständnissen geführt, sondern geben Sie das genaue Datum an, auch wenn's weniger flott klingt. Abgesehen davon ist es höflicher, schon zwei bis vier Wochen vorher einzuladen. Wenn's nicht auf die Minute ankommt, dann heißt es: »ab 20 Uhr«. Feiner wird das mit »c.t.« (cum tempore) ausgesagt – es darf dann eine Viertelstunde später werden. Indessen würde »s.t.« (sine tempore) den Wunsch ausdrücken, daß um pünktliches Erscheinen gebeten wird.

Adresse und Telefonnummer

Machen Sie's ganz deutlich, ob Sie zu Hause feiern oder nicht. Legen Sie gegebenenfalls einen Lageplan bei.

Der Anlaß

Falls es einen gibt – sagen Sie's! Viele Gastgeber meinen zwar, es sei bescheidener, beispielsweise einen Geburtstag zu verschweigen (schließlich möchte man ja nicht in Verdacht geraten, damit die

...NKE

Aufforderung zu einem Geschenk auszusprechen). Doch diese gutgemeinte Zurückhaltung kann den Gast in eine mißliche Lage bringen: Es ist recht unbehaglich, nach und nach dahinterzukommen, daß der Gastgeber das Geburtstagskind ist, dem andere Gäste ihre Geschenke überreichen. Also: Keine falsche Bescheidenheit. Stellen Sie Ihr Fest — so oder so — heraus.

Das Essensangebot

Die Einladung sollte auch jeden Zweifel über das angebotene Essen ausschließen. »Auf einen Löffel Suppe« einzuladen und dann ein mehrgängiges Menu zu bieten, ist eine altmodische Unaufrichtigkeit. Der Gast muß schon wissen, ob er sich zu Hause noch eine Grundlage schaffen soll oder sich auf ein opulentes Mahl einrichten darf.

Die Garderobe

Legen Sie Wert auf eine spezielle Kleidung? Wenn ja, geben Sie's bekannt! Es ist einfach fair, gerade bei besonderen Anlässen einen Hinweis darauf zu geben. Das ist ganz einfach und erspart den Geladenen sicherlich so manches Kopfzerbrechen. Mein Vorschlag: »Ich lade herzlich zu meinem runden Geburtstag ein. Es wäre nett, festlich-schick in Schwarz-Weiß zu erscheinen.« Natürlich können Sie mit einer Einladung auch ganz locker sagen: »... aber bitte kommt ruhig ganz leger!«

Mein spezieller Tip

Eine liebenswürdige Erpressung, die sich oft bewährt hat: Schicken Sie als Einladung gleich ein kleines Gastgeschenk — das verpflichtet zum Kommen:

- Ein einzelner Filzpantoffel oder Turnschuh: »den zweiten gibt's beim Fest.«
- Kleine Salz- und Pfefferstreuer: »auf daß das Fest entsprechend gewürzt wird!«
- Ein hübscher (Notiz-)Kalender, in dem schon das Datum für das anstehende Fest vorgemerkt ist.
- Ein kleines Sortiment Briefkärtchen mit passenden Umschlägen ermuntert zu baldiger Zusage.

EINLADUNGEN, GASTGESCHENKE

Ausgefallene Einladungen

- Schicken Sie allen Gästen einen Schlüssel. Der besondere Clou daran: Der Schlüssel sperrt wirklich zu Ihrer Haus- oder Wohnungstüre, denn Sie haben das Schloß ausgewechselt. Jeder Gast kann sich also selbst aufsperren! Der Einladungstext könnte dann etwa so lauten: »Ich erwarte Dich, liebe Inge (Sie, lieber Herr Dr. Sowieso), am 30. April zu einem fröhlichen Umtrunk. Anbei ist der Schlüssel zur Festwohnung ...!« Nicht vergessen: Am nächsten Tag wird das Schloß natürlich wieder gewechselt!
- Zum Hüttenfest im Gebirge oder im Gartenhaus bekommt jeder Gast eine Taschenlampe: »Mit dieser Lampe wirst Du bestimmt zu unserem Fest finden, und sie wird Dir auch heimleuchten!«
- Eine »glänzende« Einladung: Schreiben Sie sie (spiegelbildlich!) mit einem Fettstift auf einen Spiegel oder eine Spiegelkachel!
- Bitten Sie Banker oder andere Finanzleute zu Tisch? Wenn ja, kopieren Sie Schecks, alte Aktien oder Schuldscheine als Einladungsvorlage.

Bitten Sie um Antwort

So können Sie besser und rechtzeitig planen: Den Vermerk in der Einladung »u.A.w.g.« (um Antwort wird gebeten) wird jeder Geladene verstehen. Haben Sie bereits schon vorher persönlich eingeladen und möchten nur nochmals schriftlich auf das Fest aufmerksam machen, dann heißt's: »p.m.« Das kommt aus dem Lateinischen und bedeutet »per memoriam«. So ist die schriftliche Einladung lediglich »zur Erinnerung« — eine Antwort wird darauf nicht mehr erwartet.

Kleine Geschenke erhalten die Freundschaft

Es ist immer nett, wenn die Gäste am Tisch eine kleine Aufmerksamkeit vorfinden: in der Weihnachtszeit ein Sackerl mit selbstgebackenen Plätzchen, im Mai einen Schokoladenkäfer (wie originell, ich weiß!). Oder Sie drücken ihnen beim Abschied nach einem rauschenden Fest ein kleines »Katerpaket« in die Hand: eine schwarze Lacktüte mit Alka Selzer oder Kopfschmerztabletten für den Tag danach.

Was bringe ich mit?

Die Freude über eine Einladung sollte nicht getrübt werden von der drängenden Frage: »Was bringe ich mit?« Machen Sie sich daraus einen Spaß, eine Art »Detektivspiel«: Umkreisen Sie den Gastgeber mit Ihren Gedanken: Beruf, Hobbies und persönliches Umfeld. Es muß ja meistens kein großes oder gar wertvolles Geschenk sein — es sei denn, ein wichtiger Geburtstag oder ein Jubiläum steht an. Die Gabe, das Mitbringsel soll vielmehr ausgesprochen auf den Gastgeber zugeschnitten sein. Wenn Sie sich rechtzeitig etwas überlegen, bleibt noch genügend Zeit, beispielsweise Geschenke gravieren zu lassen, etwas Spezielles (aus dem Ausland vielleicht) zu bestellen oder um Aktionen zu inszenieren. Nachfolgend einige Ideen für individuelle Geschenke.

Für Kulturfans

Je besser Sie den Beschenkten und seine Vorlieben kennen, desto einfacher ist es natürlich, sein Faible zu treffen. Ist sie oder er ein Theaterfan, ein Ballett- oder Operettenliebhaber? Schwärmt sie/er von der Oper, kommt aber selten dazu, sich für Karten anzustellen? Liebt sie/er Klavier- oder Popkonzerte? Besorgen Sie Karten und schenken Sie »einen schönen Abend mit ...« — das kommt bestimmt gut an. Sie können das auch beliebig erweitern: Wenn Sie's größer möchten, schließen Sie sich mit Freunden zusammen und verschenken ein, oder noch besser, zwei Abonnements.

Für Sportbegeisterte

Auch für Sportler ist's eine willkommene Überraschung, Karten für ein ganz besonderes Turnier geschenkt zu bekommen. Etwas anstrengender, dafür aber sicherlich ebenso reizvoll, dürfte eine spendierte Trainingsstunde sein. Ob im Fitneß-Center, auf dem Tennis- oder Golfplatz — mieten Sie für Ihren Gastgeber einen Trainer. Der Beschenkte wird sich freuen, in seiner Lieblingssportart dazulernen zu können.

Für Weltenbummler

Was soll man zwei Junggesellen schenken, die zusammen in einem ausgeräumten Stadel zum »Französischen Fest« einladen? Wie wär's, wenn Sie, passend zum Motto, zwei Can-Can-Tänzerinnen verpflichten — der Auftritt wird sicherlich die Attraktion des Abends. Eine Bauchtänzerin können Sie für eine Aufführung ebenso organisieren wie ein mitreißendes Flamenco-Paar. Wer's exotischer liebt, holt einen Limbo-Tänzer — der bringt Temperament in die Party.

Ich Tarzan,

du Jane
Fasching zu Hause: Laden Sie
mit Glanz und Glamour zum
bunten Filmfest à la Hollywood

Jahrelang wurde Fasching nicht mehr zu Hause gefeiert, wie überhaupt selbst die privatesten Feste überwiegend in Lokalitäten verlegt und damit rationalisiert werden. Zu meinem beruflichen Glück – das muß ich schon sagen! Aber persönlich feiere ich lieber bei mir oder bei Freunden daheim. Man fühlt sich eben einfach privater. Und wesentlich origineller sind im persönlichen Bereich auch die Möglichkeiten zur Verkleidung. »Ball verkehrt«, bei dem die Herren als Damen und die Damen als Herren erscheinen, ist zwar kein Geheimtip mehr, aber doch immer noch eine Mordsgaudi. In der Öffentlichkeit haftet dem aber gern der Ruch der Travestie an, privat heißt's höchstens: »Mei, ist der Käfer heut' ein süßer Käfer …«

Ein bisserl mehr Mühe hat man schon beim Fasching zu Hause mit der Ausstattung dieses Festes. »Freut mich, daß Sie so gar keine Umstände jemacht haben, mein Lieber!« sagte einmal Wilhelm II. zu einem Gastgeber, der für den hohen Besuch sein ganzes Schloß umgebaut hatte. »Freut mich …« wird ein jeder Gast zu Ihnen sagen, wenn er in eine andere Atmosphäre versetzt wird – aber das ganz bestimmt auch anerkennen …

Vorhang auf – die Party beginnt! Im knallig dekorierten »Studio« gibt es verführerische Häppchen

CINEMA
CHANDON

Meine Ideen

Die erste Frage wird sein, ob sich Ihre Räumlichkeiten überhaupt für eine Faschingsparty eignen. Bedenken Sie, daß es wohl etwas ausgelassener zugehen wird als bei anderen Festen. In der Regel kann man aber jede Wohnung problemlos so dekorieren, daß kostbares Inventar mit Stoff- oder Papierbahnen »abgeschirmt« ist. Oft eignet sich auch ein Hobby- oder Kellerraum, in dem man hemmungslos, auch mit Dekorationsideen, wirken kann.

Es ist einfach wichtig, daß sich Ihre Gäste in eine gänzlich andere Stimmung versetzt fühlen, zu der sie sich möglichst auch passend kostümiert haben. Ein originelles Motto — großzügig interpretiert — bringt das alles unter einen Hut.

Bei meinem hier gezeigten Filmfest sind die Möglichkeiten weit gespannt — von der Filmproduktion bis hin zum Filmgeschehen. Da kann's mit Glitzer und Glamour oder auch urig zugehen: Für eine »Marilyn Monroe« wird ein »Regiestuhl« bereitstehen — an der Rückseite eines einfachen Klappstuhles ist ein breiter Papierstreifen mit dem Namen befestigt. Und für »Tarzan« kann eine Zimmerecke Urwaldstimmung vermitteln: mit unzähligen Zimmerpflanzen und Schalen voll tropischer Früchte sowie Dschungelgeräuschen per Tonband. Oder man steigt gleich mit einer improvisierten Bar in ein bestimmtes Filmgeschehen ein: Plakate des Films »Casablanca«, ein Ventilator und schummriges Licht genügen, um sich wie in Rick's Café zu fühlen. Und nur auf die Losung »Schau mir in die Augen, Kleines« gibt's was zu trinken.

Haben Sie sich zu einem anderen Motto entschlossen? Wie gesagt, schränken Sie sich nicht ein. Lieber ein »Atelierfest« denn ein »Vincent-van-Gogh-Fest« — sonst kommen alle noch mit einem zugebundenen Ohr daher.

Sie können sich aber durchaus Meisterwerke verschiedener Künstler per Poster besorgen oder auch per Dia an die Wand projizieren. Aufgestellte Staffeleien mit Leinwand (das können Stühle sein, auf denen große Malblocks stehen) reizen garantiert zur Eigenleistung, ebenso große Tonklumpen, an denen sich jeder künstlerisch versuchen darf.

Über genügend Sitzplätze sollten Sie sich nicht sorgen. Wer keinen Platz hat, wird aktiv, unternimmt etwas. Und genau das ist ja auf einem Faschingsfest angesagt.

Was Sie allerdings mit Bedacht planen sollten, ist die Musikuntermalung. Engagieren Sie einen Gast als Diskjockey, und legen Sie mit ihm das Programm vorher fest. Fürs Filmfest stimmungsvolle bekannte Filmmusik, fürs Atelierfest französische Chansons. Eine Band wäre natürlich ganz prima.

Ein hübscher Party-Gag — nicht nur für Frischverliebte — ist dieser »Love-Burger«: in Herzform ausgeschnittenes Weißbrot und Fleischküchlerl

Liza

Meine Tips

Mein Tip: Studenten verdienen sich in der Faschingszeit gern etwas dazu.

Wie Sie Ihre Gäste an diesem Abend beköstigen sollen? Nun, einerseits können Sie durchaus einen Catering-Service bestellen, es ist bei Filmteams sowieso usus, daß fertiges Essen ankommt. Oder Sie bieten lässig ein »Nobel-Buffet«: Schütten Sie auf einen Tisch einfach einen Berg mit gekochtem Hummer (im Januar und Februar gar nicht mal so teuer). Dazu geben Sie ofenwarmes Baguette, verschiedene Buttersorten und Cocktail-Saucen (Rezepte für Saucen-Variationen auf Seite 32/33). Oder Sie entschließen sich für »Dips« — in Saucen zu stippende fix und fertige Teilchen: Kaninchenfilets, panierte Scampi, gebratene Hühnerbeinchen. An Getränken bieten Sie neben Sekt (Magnum-Flasche) zum Hummer ruhig das Übliche: Weißwein, Bier, Wasser — und als Gag stapeln Sie alles in einer großen Wanne, die Sie mit einer Schicht Trokkeneis (läßt effektvolle Nebelschwaden steigen, wenn man es mit etwas Wasser übergießt) und darüber viel normalem Eis, füllen. Neben den harten Getränken gehören natürlich Soda und Lemon zur Grundausstattung jeder Bar — manche mögen's heiß, aber alkoholfrei bei einer Faschingsparty!

Die Einladung darf närrisch genug sein und sollte voll auf das Motto des Faschingsfestes einstimmen:

- Ein Schauspieler-Vertrag mit Hauptdarsteller-Vorschlägen (für die Maskierung) muß unterschrieben zurückgeschickt werden. Oder: Die Stempelkarte eines »Filmstudios« (einfach auf Pappkarton selbst gestalten) muß zur Party mitgebracht werden: Ankunft und Abschied des Gastes werden genau festgehalten. Später einmal kann man als Gastgeber herrlich über das Verbleiben des Gastes (zu kurz? — zu lang?) räsonieren.
- Zum Atelierfest: Ein Mini-Malkasten oder eine kleine Palette mit der Auflage, ein selbstgemaltes Bild passend zum Motto mitzubringen.
- Zum Ball verkehrt: Lippenstifte, Puderdosen, Rasierklingen, Krawatten — als Hinweis darauf, sich bitte schön — aber eben verkehrt — zu stylen.

Die Unterhaltung wird im wesentlichen von der (Tanz-)Musik getragen. Hier können Sie aber Effekte einsetzen:

- Trommelwirbel oder Applaus für das Erscheinen eines jeden (Star-) Gastes gibt's auf Geräusch-Platten oder -kassetten. Bekannte Filmsongs ebenso.
- Eine Preisverleihung für die schönste Einzeldarstellung, das schönste Paar oder die offenherzigste Dame, ist immer ein Gag. Beim Filmfest bietet sich die Verleihung eines »Oscars« (z.B. in Kuchenform) an.
- Eine Alberei, die immer ankommt, ist ein Seifenblasenwettbewerb. Dazu braucht's nur eine große Schüssel mit Seifenlauge und viele Strohhalme.

Die Beleuchtung an der Bar kann schön schummrig sein. Oder ganz schrill als Lichteffekt auf der Tanzfläche.

- Für's Schummrige brauchen Sie in Ihre Lampen nur bunte Birnen einzuschrauben, die nicht viel kosten.
- Lichtreflexe erzeugt eine rotierende, von einer simplen Schwenkleuchte angestrahlte Spiegelleuchte (die mit Batteriemotor um die 50 Mark kostet).
- Leuchtschnüre, die es auch günstig gibt, können Sie zu Worten oder Mustern formen und dann von einer UV-Lampe anstrahlen lassen. Die ist leider teurer, so um die 200 Mark.

Die Aufmerksamkeit für Ihre Gäste zeigt sich auch in Kleinigkeiten:

- Stellen Sie große Gläser mit Bonbons oder Geleefrüchten auf oder bieten Sie als Nascherei eine riesige Blockschokolade, der mit einem Metzgermesser zu Leibe gerückt werden muß. Auch eine große gläserne Kugelvase — randvoll mit Popcorn — erfüllt manch verdrängten Kindertraum.
- Geben Sie Ihren Gästen ein Andenken mit: ein Poster aus der Dekoration oder ein heimlich geknipstes Polaroid-Foto ...

Was hätten Sie denn gerne? Blaue Bowle ganz cool mit Limone, Rot- oder Weißwein? Oder vielleicht doch lieber zuerst einen himmlisch prikkelnden Sekt? Sie können wählen — wie es sich für einen Star gehört

FASCHINGS-GEHEIMNIS

»Voller Bauch tanzt nicht gern« — und das wäre ja gerade bei einer Faschingsparty ein fataler Effekt. Also: Bringen Sie sich nicht in den Zwang, Unmengen von Essen anzubieten. Was Sie anbieten, sollte nur leichte Kost sein. Und: Schränken Sie die Phantasie Ihrer Gäste mit Ihrem Faschings-Motto nicht zu sehr ein! Lassen Sie ihnen für die Verkleidung genügend Spielraum. Das kommt Ihnen auch selbst bei der Dekoration zugute.

Das Milieu muß stimmen

Solche Original-Studio-Scheinwerfer sind natürlich die perfekt passende Lichtquelle für ein Faschingsfest, das im Film-Milieu spielt. Ihre »Studio«-Gäste werden sich bestimmt ins rechte Licht gesetzt fühlen. Versuchen Sie's mal, vielleicht werden Sie in einem Foto- oder Filmstudio fündig. Falls nicht, brauchen Sie keineswegs auf diesen Gag zu verzichten. Sie nehmen einfach normale Lampen und schirmen diese mit dunklen Herren-Regenschirmen ab. Das wirkt genau wie »abgeschirmte« Filmleuchten — und letztlich kommt's ja doch nur auf die Stimmung an.

Vollbad

Auf Trockeneis und Eiswürfel gelegt: Für jeden Geschmack das richtige Getränk zur gefälligen Bedienung.

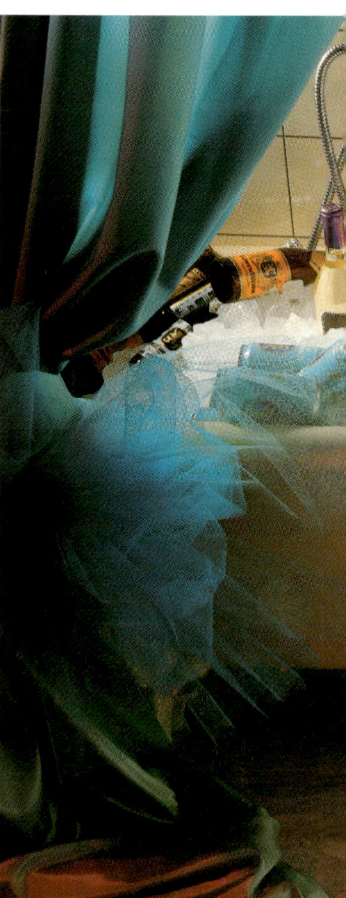

Grundrezept Cocktail-Sauce

Alle Saucen-Rezepte sind für 10 Personen berechnet

4 Gläser Mayonnaise (à 500 ml), 2 Flaschen Ketchup (à 300 ml), 300 ml Milch, 2 cl Cognac, Saft von 1 Zitrone, 1 TL Zucker, 2 Msp. Salz, 1 EL geriebener Meerrettich, 4 Tropfen Tabasco, 300 ml süße Sahne (steifgeschlagen)

Alle Zutaten, bis auf die geschlagene Sahne, der Reihenfolge nach langsam unter die Mayonnaise rühren. Zuletzt die Sahne unterheben.

Lychee-Sauce

1 × Grundrezept Cocktail-Sauce, 10 frische Lychees (geschält, entkernt und feingehackt), 6 cl Lycheelikör, ½ TL Sambal Oelek, 3 EL Sojasauce, 2 EL Mandellikör

Alle Zutaten unter die Cocktail-Sauce rühren. 1 Stunde im Kühlschrank ziehen lassen. Paßt zu Tiger Prawns, kalten Langusten, Hummer, Garnelen und zu Bärenkrebsen.

Pfeffer-Sauce

1 × Grundrezept Cocktail-Sauce, 3 EL eingelegte grüne Pfefferkörner (abgegossen und heiß überbrüht), 8 cl frisch gepreßter Orangensaft

Die Pfefferkörner mit einem Messerrücken fein zerdrücken und zusammen mit dem Orangensaft unter die Cocktail-Sauce rühren. Schmeckt fein zu Taschenkrebsfleisch, zu gegrilltem Fleisch und zu Chicoréesalat.

Cognac-Sauce

1 × Grundrezept Cocktail-Sauce, 10 Cognacpflaumen aus dem Glas (entsteint und feingehackt), 6 cl Cognac

Die Pflaumen mit etwas Flüssigkeit aus dem Glas und den Cognac unter die Cocktail-Sauce rühren. Paßt hervorragend zu Garnelen, Hummerkrabben, kaltem Fisch und zu Blattsalaten.

Motto auf Film

Eine Einladung auf einer alten Filmrolle stimmt Ihre Gäste auf das Motto des Festes ein. Sie können auch einen unbelichteten Kleinbild-Film nehmen (Foto ganz oben).

Verführerisch wirkt eine ganz normale Götterspeise, als Tarzan und Jane (Formen gibt's in der Geschenkboutique) auf den Tisch gebracht (Foto oben).

Übrigens:

Kein Mensch oder gar Freund erwartet von Ihnen, daß Sie sich für ein Faschingsfest die ganze Arbeit allein machen. Bitten Sie um Teamwork, das macht ohnehin mehr Spaß. Genausogut kann man anderntags zu einer »Aufräumparty« bitten — unter echten Freunden meist ein Riesenspaß …

EXTRA REZEPTE

Meeresfrüchte

Lachsscheiben mit Champagner-Sauce überbacken

Rezept für vier Personen:

4 Scheiben frischer Lachs je ½ cm dick (enthäutet und entgrätet), Olivenöl, Salz, weißer Pfeffer, 1 Bund frisches Basilikum.
Für die Champagner-Sauce: ½ l Geflügelfond (gibt's fertig zu kaufen), ½ l süße Sahne, 4 cl Champagner, 2 cl Noilly Prat, die Basilikumstengel, 100 g eiskalte Butter

Vier Teller mit Olivenöl beträufeln und je eine Scheibe Lachs daraufgeben. Mit Salz und Pfeffer würzen, dann die abgezupften Basilikumblätter darauf verteilen. Für die Sauce den Geflügelfond mit den übrigen Zutaten, bis auf die Butter, erhitzen und auf die Hälfte einkochen lassen. Dann durch ein Sieb passieren und mit der Butter aufmontieren. Die Lachsscheiben mit der schaumigen Soße überziehen und goldgelb überbacken.

Nudelsalat mit Krevetten

Rezept für vier Personen:

800 g gekochte, grüne schmale Bandnudeln, 600 g ausgelöste Krevetten, 2 Karotten (in feine Streifen geschnitten).
Für das Dressing: ⅛ l Sherryessig, ¼ l kaltgepreßtes Sonnenblumenöl, 2 TL Löwensenf, 2 Schalotten (feingehackt), 1 Bund Petersilie (feingehackt), Salz, Pfeffer, 1 Prise Zucker.
Außerdem: ein paar Chicoréeblätter

Für das Dressing den Essig mit den übrigen Zutaten verrühren. Mit Salz, Pfeffer und Zucker abschmecken. Die Nudeln mit den Krevetten und Karottenstreifen vermischen. Mit dem Dressing anmachen und kurz ziehen lassen. Auf Chicoréeblättern anrichten.

Babysteinbutt und Jakobsmuscheln auf Paprikamark

Rezept für vier bis sechs Personen:

3 Babysteinbutte (filetiert), 10 ausgelöste Jakobsmuscheln, Salz, Saft von 1 Zitrone, 0,2 l trockener Weißwein.
Für das Paprikamark: 4 kleine, dunkelrote Paprikaschoten, 6 EL Butter, 4 reife Tomaten (grob gewürfelt), 300 g Crème fraîche.
Außerdem: 40 g kalte Butter, Salz, Pfeffer

Für das Paprikamark die Schoten waschen, halbieren, entkernen und grob würfeln. Die Butter in einem Topf mit Kupferboden erhitzen und die Paprikaschoten darin weichdünsten. Dann die Tomaten hinzufügen und ebenfalls weichgaren. Das Gemüse mit der Crème fraîche im Mixer pürieren und durch ein feines Sieb streichen.
Die Steinbuttfilets und die Jakobsmuscheln auf ein gefettetes Backblech legen. Leicht mit Salz würzen, mit Zitronensaft beträufeln und den Wein zugießen. Mit Alufolie abdecken und im auf 180° vorgeheizten Backofen ca. 5 Minuten dünsten. Den Dünstfond abgießen und zusammen mit der Butter unter das Paprikamark schlagen. Mit Salz und Pfeffer abschmecken. Die Jakobsmuscheln halbieren und mit den Steinbuttfilets auf dem Paprikamark anrichten. Heiß servieren.

Tip:
Eine feine Beilage und optisch ein schöner Kontrast sind Wilder Reis oder schwarze Nudeln und als Gemüse Zucchinikügelchen. Dafür 2 bis 3 Zucchini waschen, der Länge nach halbieren und mit einem Kugelbohrer kleine Kugeln herauslösen. In Salzwasser kurz blanchieren.

Bärenkrebse mit Pfeffersenf und Kräuterbutter

Rezept für vier Personen:

4 Bärenkrebse, 200 g weiche Butter, 3 EL gemischte, gehackte Kräuter (Petersilie, Zitronenmelisse, Koriander, Basilikum), Salz, Pfeffer aus der Mühle, ½ TL Sambal Oelek, 1 Spritzer Sojasauce, 100 g Pfeffersenf, 100 g Semmelmehl, 1 Bund Brunnenkresse zum Anrichten (gewaschen und gut abgetropft)

Die Krebse an der Bauchseite aufschneiden, ausnehmen, waschen und gut abtropfen lassen. Die Butter mit den Kräutern vermischen und mit Salz, Pfeffer, dem Sambal Oelek und der Sojasauce kräftig würzen. Die Krebse auf der Bauchseite zuerst mit Pfeffersenf, dann mit der Kräuterbutter bestreichen. Zuletzt dick mit Semmelmehl bestreuen. Im auf 250° vorgeheizten Backofen 13 Minuten überbacken. Dann auf der Brunnenkresse anrichten und sofort servieren.

Tiger Prawns auf Currykraut mit chinesischer Bohnensauce

Rezept für vier Personen:

16 Tiger Prawns (ausgelöst und entdarmt), Salz, Pfeffer, Sonnenblumenöl zum Braten.
Für das Kraut: 400 g Spitzkohl (in feine Streifen geschnitten), 1 EL Sonnenblumenöl, 1 Spritzer Essigessenz, Salz, Pfeffer, Muskatnuß, ⅛ l Geflügelbrühe, ½ TL Curry, 10 Safranfäden, 1 kleine Stange Lauch (geputzt und in dünne Ringe geschnitten), 50 g Ananas (gewürfelt).
Für die Bohnensauce: 50 g rote Bohnen (über Nacht eingeweicht), 4 cl Sojasauce, 1 Msp. Sambal Oelek, 4 cl Rote-Bete-Saft, 1 EL Apfelmus, 1 Fleischtomate (grob gewürfelt), 4 EL chinesische süß-saure Sauce.
Außerdem: 1 Päckchen Kresse, 80 g Kürbiskerne (ohne Fett in der Pfanne geröstet)

Für das Curry-Kraut das Öl mit der Essigessenz, Salz, Pfeffer und Muskatnuß verrühren. In das Kraut einmassieren und 2 Stunden stehen lassen. Die Geflügelbrühe mit dem Curry und den Safranfäden einmal aufkochen lassen und heiß über das Kraut gießen. Dann die Lauchringe und die Ananasstücke untermengen. Für die Sauce die Bohnen im Einweichwasser weichkochen. Dann die übrigen Zutaten hinzufügen und die Sauce ½ Stunde köcheln lassen. Anschließend pürieren und durch ein Spitzsieb drücken. Die fertige Sauce sollte leicht sämig sein. Die Tiger Prawns salzen, pfeffern und in einer Pfanne in erhitztem Sonnenblumenöl pro Seite 5 Minuten braten. Mit dem Currykraut und der Kresse auf vier Tellern anrichten. Zuletzt mit der roten Bohnensauce beträufeln und die Kürbiskerne darüberstreuen.

Seezungenfilets auf Räucherlachs-Spinatnudeln

Rezept für vier Personen:

200 g feine Spinatnudeln (Taglierini verdi), 1 Becher Crème double, 80 g geräucherter Lachs (in Streifen geschnitten), 2 EL Butter, Salz, Muskatnuß, 1 Prise Cayennepfeffer.
Außerdem: 12 Seezungenfilets, Salz, Saft von 1 Zitrone, 4 EL Butter

Die Spinatnudeln in reichlich kochendem Salzwasser bißfest garen und abgießen. Die Crème double in einem Topf erhitzen. Den geräucherten Lachs hinzufügen und die Nudeln mit der Butter unterheben. Mit wenig Salz, Muskat und Cayennepfeffer abschmecken. Die Seezungenfilets salzen, mit Zitronensaft beträufeln und in der erhitzten Butter kurz braten. Auf den Räucherlachs-Spinatnudeln anrichten. Heiß servieren.

PLANEN UND VORBEREITEN

Je größer ein Fest, desto umfangreicher die Vorbereitungen. Das kostet zwar Geld, Zeit und jede Menge Arbeit, aber schließlich macht es ja dann auch Spaß, Gäste zu bewirten. Damit aber der Spaß nicht vorab durch Hektik und Streß getrübt wird, sollten Sie einfach strikt nach Plan vorgehen. Vieles läßt sich nämlich schon lange vor der Einladung vorbereiten, so daß Sie als Gastgeber am Festtag den Kopf freihaben für das Wesentliche.

Auch mein eingespielter Party-Service – und das ist wahrhaft ein großer Apparat – geht mit streng einzuhaltender Terminplanung ans Ausrichten eines Festes. Sie können das zu Hause natürlich lockerer handhaben, aber es ist schon etwas dran am sinnvollen Planen und Vorbereiten ...

Stellen Sie sich Ihren ganz persönlichen Terminplan auf, der natürlich vom jeweiligen Anlaß abhängt. Hier aber eine allgemeine Checkliste, die Sie vor jedem Fest durchgehen können, damit nichts Wichtiges vergessen wird:

Bis zu 4 Wochen vorher

Gästeliste aufstellen, Einladungen schreiben oder drucken lassen (bei großen Festen) und verschicken.

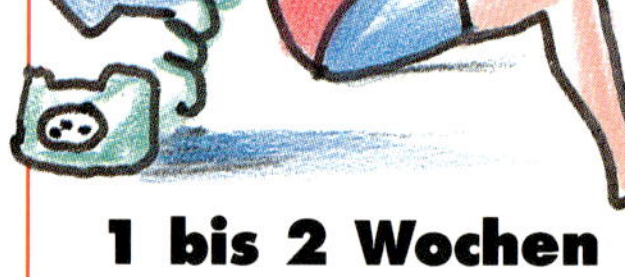

1 bis 2 Wochen vorher

<u>Gästeliste checken:</u> Haben sich alle geladenen Gäste zu Ihrer Einladung geäußert? Ist es nur ein kleiner Kreis oder eine ausgesprochene Essenseinladung, dann sollten Sie ruhig bei säumigen Gästen nachfragen, ob sie kommen oder nicht.

<u>Einkaufsliste entwickeln:</u> Sobald die Gästezahl feststeht, und Sie Speisen und Getränke festgelegt haben, können Sie an die Einkaufsliste gehen. Schreiben Sie alles zusammen, was bereits eingekauft werden kann. Notieren Sie auf einem eigenen Zettel, was erst am Festtag oder tags zuvor (wenn dieser ein Sonn- oder Feiertag ist) ganz frisch besorgt werden muß.

Sind ausgefallene Speisen darunter, müssen diese jetzt schon vorbestellt werden – z. B. bestimmtes Fleisch oder besondere Delikatessen.

Tischdekoration planen:

Ein Probedecken ist nur zu empfehlen: Da kommen die hübschesten Ideen »auf den Tisch«. Die schmückenden Zutaten können Sie jetzt noch mit Bedacht besorgen, auch wenn etwas Ausgefallenes darunter ist.

Bestand kontrollieren:

Reichen Geschirr, Besteck und Gläser aus? Jetzt ist noch Zeit, Fehlendes bei Bedarf zu ergänzen oder beim Party-Service dazuzubestellen.
Sind genügend Blumenvasen, Gästehandtücher und Garderobenbügel vorhanden? Bei Grillpartys: Ist der Grill in Ordnung? Werden Grillkohle, Anzünder, Spieße und Alufolie ausreichen?

Vorkochen:

Gerade bei einer großen Einladung ist es unerläßlich, soviel wie möglich vorzubereiten. Stehen Suppen oder Kuchen auf Ihrer Liste, die sich gut einfrieren lassen? Dann können Sie jetzt schon in Ruhe einiges vorarbeiten.

Einige Tage vorher

Wein einlagern:

Spätestens vier bis fünf Tage vor dem Fest sollten Sie den Wein einkaufen, denn er soll im Keller noch einige Zeit ruhen, bevor er getrunken wird.

Für Kühlung sorgen:

Bereiten Sie Eiswürfel auf Vorrat, falls es Bowlen oder Cocktails gibt oder sie für den Sektkübel benötigt werden. Das ist ganz einfach: Sobald das Wasser in der Schale gefroren ist, nehmen Sie die Würfel heraus und packen sie in Plastiktüten (im Gefrierfach bis zum Gebrauch verstauen).

Einkaufen:

Gehen Sie genau nach Plan vor und haken sie die eingekauften Posten ab, damit Sie nichts vergessen. Kaufen Sie möglichst viel schon vorher ein, natürlich nicht leicht Verderbliches und Brot. Gegebenenfalls Fleisch jetzt schon vorbereiten (Grillfleisch, Wild, Lamm einlegen).

Haben Sie Blumen-Sonderwünsche? Dann sollten Sie vorsichtshalber schon vorbestellen.

Musik aussuchen:

Je nach Stil des Festes sollten Sie passende CDs, Platten oder Cassetten bereitlegen. Es empfiehlt sich auch, ein Geburtstagsständchen oder eine besondere Rarität griffbereit zu halten.

Nachbarn informieren:

Bereiten Sie Ihre Nachbarn darauf vor, wenn Sie ein großes Fest planen. Besser vorher eine Entschuldigung als zu spät.

PLANEN UND VORBEREITEN

1 Tag vorher

- Blumen abholen bzw. kaufen.
- Getränke kühlstellen.
- Haltbare Speisen bereiten und im Kühlschrank aufbewahren.
- Bei Partys mit Motto: Falls am Festtag nicht genug Zeit bleibt, jetzt schon um- bzw. ausräumen, und auch schon dekorieren.

Am Festtag

- Tiefgekühlte Speisen auftauen.
- Alle Frischprodukte kaufen: Brot und Backwaren, Gemüse, Salate und Kräuter, Fisch oder Meeresfrüchte.
- Alle Speisen bereiten, die beim Eintreffen der Gäste fertig sein sollen. Alles andere vorbereiten: Salate waschen, Dressings mixen und getrennt kühlstellen. Alle Zutaten für das Essen vorbereiten und in Schüsseln mit Frischhaltefolie bereitstellen. Vor- und Nachspeisen so weit wie möglich fertigmachen. Die bereits am Vortag vorbereiteten Speisen portionieren, anrichten oder garnieren.
- Den Eßtisch decken oder das Buffet anrichten.
- Gläser und Getränke für den Begrüßungscocktail bereitstellen.
- Brot aufbacken.

Nicht vergessen:

Planen Sie auf alle Fälle Zeit fürs Duschen und Umziehen ein. Gönnen Sie sich Ruhe dafür, bevor die Gäste eintreffen. Sie werden sehen, das wirkt entspannend und erfrischend.

Tips zum Warm- und Kalthalten von Speisen und Getränken

»Eiskalte« Methoden:

Wenn der Kühlschrank bereits hoffnungslos überfüllt ist, aber trotzdem noch einige Flaschen Bier und Wein gekühlt werden müssen — halb so schlimm:

- Kühlboxen, aus der Campingküche ausgeliehen, helfen aus der Misere.
- Acryl-Kühler für Flaschen halten — ohne Eis — zwei bis drei Stunden die Temperatur.
- Eis gibt es auch eimer- oder stangenweise bei Brauereien oder in Fischfachgeschäften (vorsichtshalber vorher nachfragen!).
- Thermoskannen halten übrigens Getränke nicht nur warm, sondern auch kalt. Ideal für Eiskaffee oder Eistee.
- Trockeneis kühlt nicht nur hervorragend, es gibt auch noch zusätzlich einen tollen optischen Effekt: Eine Wanne mit einigen Brocken Trockeneis — und der Sekt oder Champagner bleibt den

ganzen Abend über durch den Trockeneisdampf köstlich kalt. Im Branchenbuch finden Sie entsprechende Firmen. Aber diese haben meist nur werktags auf. Wer also am Sonnabend oder Sonntag feiern will, der muß schon einen größeren Brocken kaufen und ihn fest in Zeitungspapier hüllen, damit die ganze Pracht nicht schon vor dem Eintreffen der Gäste dahinschmilzt. Und: Fassen Sie das Trockeneis nie mit bloßen Händen an, sondern immer mit dicken Handschuhen.

So bleibt die Bowle länger frisch:

- Kühlen Sie das Bowlengefäß, bevor Sie die Bowle hineingeben, dann hält sich die Temperatur. (Fließend kaltes Wasser mit einigen Eiswürfeln reichen schon aus.)
- Frieren Sie etwas Bowle oder Fruchtsaft zu Eiswürfeln und nehmen Sie diese dann zum Kühlen der Bowle. So wird sie nicht verwässert.
- Mit Dauerkühlkugeln haben Sie den gleichen Effekt — sie temperieren, ohne den Geschmack zu beeinträchtigen.

Und so bleibt's schön warm:

Auch wenn Sie nicht so perfekt ausgerüstet sind wie ein großer Party-Service — mit einigen Tricks bleibt auch Ihr Braten länger warm:

- Stövchen mit Teelichtern sind ideal, um fertige Speisen warmzuhalten — und sie lassen sich ganz individuell einsetzen: Ein kleineres Stövchen reicht für eine Schüssel Gemüse aus, und ein extra langes eignet sich, um selbst große Terrinen warmzuhalten.
- Es gibt auch spezielle Wärme-Glasplatten, die, vorher aufgeheizt, etwa eine Stunde lang heiß bleiben.
- Für warme Buffets ist die Alufolie unentbehrlich: Zwar hält sie die Speisen auch nicht unbegrenzt warm, aber sie speichert zumindest so lange die Hitze, bis das Essen verteilt wird.
- Werden deftige Suppen bei einem Buffet angeboten, dann stellen Sie sie in einem hübschen rustikalen Topf auf einen Fondue-Brenner — so bekommen auch noch Nachzügler die Suppe wirklich heiß serviert.

Noch ein guter Tip am Rande:
Wenn Sie auch Ihre Nachbarn eingeladen haben, ist es sicher möglich, auch deren Kühlschränke mitzubenutzen …

Frühling auf dem

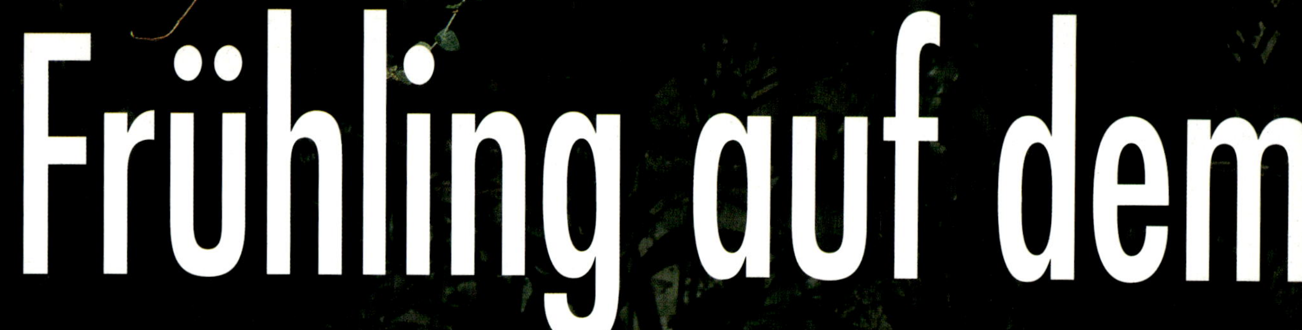

Natur frei Haus: Zaubern Sie Osterstimmung mit Eiern und Lämmern auf sattgrüner Kräuterwiese

Tisch

Was hat man mir nicht schon für Namen gegeben: Ober-Lukull, Party-Papst, Feinkost-Löwe …

Aber was soll's: Ich bin der »Käfer«. Dazu stehe ich natürlich, und daß ich daraus noch etwas machen kann – um so besser! Es gibt in meinem Restaurant und in meiner Geschenkboutique jede Menge Käfer: als Emblem auf Servietten, Gläsern oder Streichholzschachteln – oder gleich welche als Rucksack oder Kerzen zum Beispiel. Und sogar leckere Gelee-Bonbons machen sich gut in Käferchen-Form. Meinen Gästen ist's inzwischen ein vertrautes Symbol, und sie nehmen manchen Käfer mit nach Hause.

Was aber wäre, wenn ich sagen müßte: »Mein Name ist Hase?« Ich schwör's: Auch diesem Namen würde ich mich hingeben. Und damit komme ich auf den Punkt. Wenn schon, denn schon: ein Leit-Motiv! Auf jeden Fall aber eines, das man für Feste anwenden sollte.

Wenn man zum Beispiel ein traditionelles Fest wie Ostern begeht – warum dann nicht gleich »richtig«? Warum sich nicht besinnen auf den Ursprung des Festes, auf Nostalgie und Tradition? Warum nicht mal zu einem kindlich-fröhlichen Gemüt zurückfinden und sich durch eine farbenfrohe Dekoration, mit Hasen, Küken und Ostereiern, aufs Netteste verzaubern lassen?

Es heißt doch schließlich: »Fröhliche Ostern!«

Osterfreuden für den Gaumen: Lammkitzkeule auf einem Gemüsebeet (Rezept S. 48)

Meine Ideen

Mit dem Osterfest verbindet sich seit jeher die Freude über das Erwachen der Natur — das Helle und Frische, das knospende Grün, die ersten Blüten ... Da es aber nie sicher ist, ob man sich in unseren Breiten wetterbedingt dieser Freude bei einem ausführlichen Osterspaziergang oder gar einem Picknick hingeben kann, ist's vielleicht vorsichtshalber besser, sich fürs große Osterfrühstück die Natur ins Haus, den Frühling in die Wohnung zu holen — in Gestalt einer farbenfrohen, fröhlichen Osterkomposition. Denken Sie dabei auch sofort an frisches Grün? Dann schwelgen Sie doch in dieser Farbe, und fangen Sie damit bei der Tischdekoration an.

Decken Sie die Tafel in verschiedenen Grüntönen ein: über moosgrünen Dekostoff, der bis zum Boden reicht, legen Sie über Kreuz eine lichtgrüne quadratische Tischdecke und überspannen das Ganze mit hellgrünen Bändern, die seitlich herunterhängen. Daran können bemalte Holzeier hängen. Oder Sie spannen das grüne Band wie eine schmale Schabracke um die Tischkante, die Sie aber auch mit grünem Krepppapier bauschig verzieren können. In weiße Stoffservietten eingelegte grüne Papierservietten geben einen frischen Farbeffekt. Dieser ergibt sich auch, wenn Sie normale weiße Teller auf grüne Platzteller oder auf Sets — vielleicht aus Lackfolie in Hasen- oder Eiform zugeschnitten — stellen. Diese Unterlagen können Sie auch noch hübsch österlich mit Klebebildern von springenden Hasen oder Küken verzieren. Besonders frisch wirkt es, wenn Sie einfach verschiedene Kräuter auf den Tisch stellen: Schnittlauch, Petersilie, Dill, Thymian, Estragon und Basilikum. Entweder einzeln in weißen kleinen Keramiktöpfen oder alle zusammen in einer dekorativen Schale oder in einer zuvor grünlackierten Obststeige, die mit Erde ausgefüllt und mit grünen Samtschleifen verziert ist.

Als optisch reizvoller Gag bietet sich an, auch das Essen nach Grüntönen auszurichten, und da gibt es ja die feinsten Möglichkeiten: Kräutersuppe, Kressesalat, zum Braten grüne Saucen; auch Spargel mit Sauce Vinaigrette paßt ins Bild und Mangoldsalat mit Basilikum.

Bleibt Ihr Osteressen aufs große Frühstück beschränkt, dann sind frisch zubereitete Kräutertees eine willkommene Abwechslung — und grün sind die meistens auch!

Möchten Sie Ihren Ostertisch lieber in warmen Gelbtönen leuchten sehen, dann haben Sie mit dieser Farbe neben den bereits beschriebenen Gestaltungsideen noch eine besonders liebliche Alternative: Gerade zu Ostern gibt es die schönsten Frühlingsblumen in der Sonnenfarbe: Osterglocken, Primeln, gelber Ginster, Forsythien ...

Der reine Zufall, daß sich nun auch alle Variationen von Eierspeisen Ihrer Umgebung anpassen, seien es Eier im Glas, Rühreier mit Kräutern, und zur »Abrundung« ein Eierlikör-Cocktail (Rezept S. 49).

Wollen Sie Ihrem grün-weißen Oster-Ambiente einen feineren Touch verleihen, dann passen zu diesen Farbtönen silberne Kerzenleuchter, versilberte oder vergoldete Eierbecher (kann man selbst lackieren oder besprühen) und edle Eierlöffel aus Perlmutt. Auch Kerzen machen's festlicher, selbst wenn es vielleicht nur Eier- oder Osterlämmchen-Kerzen sind.

Für den Gaumen gibt's dann eine Lammkitzkeule in Rosmarin gebraten (Rezept S. 48).

Wenn Sie aber Ihr Osterfest urigländlich gestalten möchten, ja dann greifen Sie doch ins volle Landleben: Besorgen Sie sich über Beziehungen (Reitstall!) einen Ballen Stroh. Lässig in einer Zimmerecke thronend, ist er ein äußerst dekoratives Polster für die Ostergeschenke.

Stimmungsvolle Begrüßung an der Haustüre: In Augenhöhe hängt ein Kranz aus Buchsbaum-, Tannen- und Latschenzweigen. Ganz österlich dekoriert mit Wachteleiern und Moos und gelben und grünen Bändern

Meine Tips

Die Tischkarten haben Sie vielleicht eingeplant, wenn Sie Gäste zum Osterfrühstück bitten:

- Setzen Sie ein ausgeblasenes Osterei mit dem aufgemalten Namen des Gastes in ein Kissen aus Entenfedern und das Ganze in ein durchsichtiges Tütchen, das mit einer hübschen Schleife zusammengebunden ist.
- Kaufen Sie die originellsten Eierbecher, die Sie entdecken können. Diese können ganz ausgefallen und ruhig kitschig sein. Mit dem Namen des Gastes beschriftet, wird so ein Eierbecher gleich dessen Eigentum — das er garantiert behalten will!

Die Unterhaltung an Ostern kann nur Spiel und Spaß ums Ei bedeuten — und das nicht nur für Kinder:

- Mühlespielen auf nahrhafte Art: Auf einem improvisierten Spielbrett (mit Mulden oder Löchern statt der Setzpunkte) werden hartgekochte, halbierte Eier mit edlem Speisedekor zu »Spielsteinen«. Die Dunklen kann man beispielsweise mit Kaviar belegen, die hellen mit Krebsfleisch. Jedes vom Gegner erworbene Stück darf verspeist werden.
- Eine flache Eierpalette wird an der Wand befestigt. Ausgeblasene Eier — so viele hineinpassen — werden (mit dem Pusteloch nach innen) hineingeklebt. Allerdings ist ein richtiges Ei dabei. Mit Wurfpfeilen wird um die Wette auf die Eier gezielt. Wer das rohe Ei trifft, »darf« zum nächsten Fest einladen.
- Gedichte, die sich ums Ei drehen oder Verszeilen, die mit »ei« enden, werden zum Wettspiel erkoren. Wer den witzigsten Vierzeiler mit viel »Ei« vorträgt, bekommt einen Preis.

Ostergeschenke — klein aber fein — lassen sich sehr gut in aufklappbaren Papp-Eiern überreichen. Hier einige Vorschläge:

- Ein Seidentüchlein für das neue Kostüm der Dame.
- Ein neuer Duft fürs Frühjahr (wie man weiß: je kostbarer, desto kleiner).
- Osterhasen oder Eier in schöner Keramik oder edlem Porzellan sind nette Sammlerstücke. Noch kostbarer sind kleine Tierfiguren in Silber, wie sie zu Ostern traditionsgemäß in Rußland verschenkt werden.
- Duftkissen für den Wäsche- oder Kleiderschrank kann man nie genug haben.
- Ganz klein zusammengefaltet passen sogar Boxer-Shorts — natürlich mit Häschen drauf — in eine Ei-Umhüllung.

Eine Tischdekoration, die vollkommen auf das österliche Tierleben abgestimmt ist: Eine Hühnerfamilie stolziert, umgeben von bunten Eiern, auf einer Wiese aus Kresse und Moos

OSTER-GEHEIMNIS

Manchmal zeigt sich die Osterzeit so gar nicht frühlingshaft. Nichts Rechtes will grünen und blühen, und die Stimmung draußen ist trübselig. Erfreuen Sie sich und Ihre Nachbarn oder Gäste, indem Sie einfach die schönsten Osterblumen vor Ihrer Haustür blühen lassen. Stecken Sie »wildwachsende« Blumen in die Erde oder auch in den Schnee — die Überraschung über das »Naturwunder« wird perfekt sein.

Gefüllt und behütet

Ein optischer Effekt und zugleich eine leckere Sache sind Eier mit Blätterteighäubchen: Eier köpfen und ausleeren, mit Suppe oder Ragout füllen und Blätterteig (in Plätzchenform ausgestochen) darüberlegen. Den Teig mit Eigelb überpinseln. Auf dem Backblech eine Art Salzbett bauen, damit die Eier nicht umfallen. Dann wird das Ganze im Ofen überbakken. Aufgetischt werden die Eier in einem Kranz aus Kräuselpetersilie mit einem Gemüsesträußchen an der Seite.

Lammkitzkeule mit Frühlingsgemüse

(Abbildung S. 42/43) Rezept für drei bis vier Personen:

1 Lammkitzkeule (ca. 1,5 kg), eine Handvoll Rosmarinnadeln, Salbei- und Basilikumblätter (feingehackt), Salz, Pfeffer, Butter und Öl zum Braten, 200 g feingewürfeltes Gemüse (z. B. Zwiebel, Sellerie und Karotte), $\frac{1}{2}$ l Fleischbrühe, Saft und Schale von $\frac{1}{2}$ unbehandelten Zitrone.

Für das Gemüse:
400 g junges Gemüse (z. B. Karotten, Frühlingszwiebeln, Zuckerschoten, Bleichsellerie und Fenchel), Butter zum Schwenken, eventuell etwas Zucker und Honig

Die Lammkitzkeule von Fett und Sehnen befreien. Dann mit den gehackten Kräutern, Salz und Pfeffer gut einreiben. Ein Gemisch aus Butter und Öl in einer kleinen Reine erhitzen und die Keule darin rundum anbraten. Die Gemüsewürfel hinzufügen und die Keule im vorgeheizten Backofen bei 200° 60 bis 80 Minuten braten, dabei ab und zu wenden und mit der Fleischbrühe begießen. Wenn das Fleisch gar ist (es sollte sich leicht vom Knochen lösen), herausnehmen und warmstellen. Die Sauce durch ein feines Sieb passieren und mit etwas Zitronensaft und -schale abschmecken.

Für das Gemüse die verschiedenen Gemüse-

sorten putzen, waschen und separat in kochendem Salzwasser blanchieren, bis sie gar sind, aber noch Biß haben. Dann mit kaltem Wasser abschrekken und in zerlassener Butter schwenken. Mit wenig Salz und Pfeffer würzen. Die Zuckerschoten eventuell noch mit etwas Zucker und die Karotten mit Honig verfeinern.
Dazu passen: Neue Kartoffeln.

Gut gebettet

Zum Osterfrühstück Eier in Variationen: als Tischmittelpunkt (oben) und als Gastgeschenk — mit dem ersten prickelnden Likör der Welt — (»Petite Liquorelle« von Moët et Chandon). Eingebettet sind die Hühner-, Wachtel- und Möweneier, natur oder kunterbunt, in üppige Kresse.

Frisch gedeckt

Zur perfekten Osterdekoration gehört auch das »richtige« Geschirr: Schönes weißes Porzellan paßt gut zum frischen Grün der Jahreszeit. Eine rustikale Tischplatte aus Jura-Marmor oder auch Schiefer (beim Steinmetz auch im rohen, unbearbeiteten Zustand erhältlich) wirkt außerordentlich dekorativ.

Eierlikör-Cocktail »Orange Hen«

Pro Person:

5 cl Eierlikör, 5 cl frischgepreßter Orangensaft, 2 cl frischgepreßter Zitronensaft, 3 cl Grand Marnier, 1 Spritzer Orange Bitter, trockener Sekt oder Champagner

Die Zutaten, bis auf den Sekt oder Champagner, im Mixer oder im Shaker mit 1 bis 2 zerstoßenen Eiswürfeln schaumig verquirlen bzw. schütteln. Dann in ein Champagner- oder Cocktailglas gießen und mit Sekt oder Champagner auffüllen.

Übrigens:

Wenn es Sie am Ostermorgen nach draußen zieht, dann verbinden Sie das doch gleich mit einer schönen Tradition — der Speisenweihe in der Kirche. Dazu gehört ein echt österlicher Speisekorb mit gekochten Eiern, einem Osterlämmchen aus Bisquit, Brot, Schinken und Meerrettich. Daraus wird dann ein Picknickkorb — die geweihten Speisen durften immer schon verzehrt werden. Nur: die Fleischportion sollte der entsprechen, die Sie das letzte Mal vor der Fastenzeit zu sich genommen haben. Wissen Sie es noch?

EXTRA REZEPTE

Eiergerichte

Alle Rezepte sind für vier Personen berechnet

Schwarzer Périgord-Trüffel auf Rahmrührei

1 frischer, schwarzer Trüffel aus dem Périgord (ca. 100 g schwer), 2 cl Cognac, 2 cl Madeira, 2 cl trockener Sherry, 2 cl Portwein.
Für das Rahmrührei:
12 Eier, 4 cl süße Sahne, 2 cl Trüffelfond, Salz, Pfeffer aus der Mühle, 2–3 EL Butter

Den Trüffel unter fließendem kalten Wasser mit einer Bürste putzen. Dann mit Cognac, Madeira, Sherry und Portwein kalt ansetzen. Einmal aufkochen und 2 Minuten köcheln lassen. Anschließend im Fond erkalten lassen. Die Eier in einer Cromarganschüssel verschlagen. Die Sahne und den Trüffelfond mit einem Schneebesen unterrühren. Mit Salz und Pfeffer würzen. Die Butter in einer schweren Pfanne erhitzen. Die Eiermasse hineingießen und stocken lassen, dabei mit einem Holzspatel zusammenschieben. Dann auf vier vorgewärmten Tellern verteilen und Trüffel darüber hobeln. Sofort servieren.

Kiebitz-Eier auf Champagner-Senf-Sauce

8 Kiebitz-Eier, 10 Radieschen, 1 kleiner Kopf Frisée-Salat, Salz, Pfeffer.
Für die Champagner-Senf-Sauce: ½ l Geflügelfond, ¼ l süße Sahne, 4 cl Champagner, 2 cl Noilly Prat, 2 EL mittelscharfer Senf, 150 g eiskalte Butter.
Außerdem: Selleriesalz

Die Kiebitz-Eier 10 Minuten kochen. Die Radieschen in feine Streifen (Julienne) schneiden. Den Frisée-Salat in mundgerechte Stücke zupfen. Mit wenig Salz und Pfeffer würzen. Für die Champagner-Senf-Sauce den Geflügelfond mit der Sahne, dem Champagner und Noilly Prat erhitzen und etwa auf die Hälfte einkochen lassen. Dann mit der Butter und dem Senf aufmontieren. Auf vier heiße Teller jeweils einen Spiegel mit der schaumigen Sauce gießen. In die Mitte etwas Frisée-Salat geben und Radieschen-Julienne darüberstreuen. Dann die halbierten Kiebitz-Eier mit Selleriesalz bestreuen und darum verteilen.

Norwegisches Königsgericht

400 g geräucherter Lachs in dünnen Scheiben.
Für den Rahmspinat:
400 g Blattspinat, Butter, 2 kleine Schalotten (feingehackt), 1 kleiner Becher Crème fraîche, Salz, Pfeffer, Muskatnuß.
Außerdem: 6 Eier, ⅛ l süße Sahne, Salz, Pfeffer, Butter

Den Spinat putzen, waschen, in wenig Wasser blanchieren und gut ausdrücken. Etwas Butter in einer Pfanne erhitzen und die Schalotten darin anschwitzen. Die Crème fraîche hinzufügen und auf die Hälfte einkochen lassen. Den Spinat darin erwärmen und mit Salz, Pfeffer und Muskatnuß abschmecken. Die Eier mit der Sahne, etwas Salz und Pfeffer verquirlen. In erhitzter Butter ein Rührei braten. Den geräucherten Lachs auf vier Teller verteilen. Mit dem Rahmspinat und dem Rührei servieren.

Kressesuppe mit Räucherlachsstreifen

150 g Brunnenkresse, ¼ Gemüsezwiebel (geschält und feingewürfelt), 2 EL Butter, 1 große Kartoffel (150 g, geschält und gewürfelt), 0,4 l Chablis, ½ l Rindfleischbrühe, 400 ml süße Sahne, Salz, weißer Pfeffer aus der Mühle, 1 Prise Cayennepfeffer, Muskatnuß.
Außerdem: 200 ml süße Sahne (steifgeschlagen), 100 g Räucherlachs (in feine Streifen geschnitten)

Die Kresse verlesen, waschen und in reichlich kochendem Salzwasser blanchieren. Dann herausnehmen, mit Eiswasser abschrecken und gut abtropfen lassen. Anschließend im Mixer pürieren und beiseite stellen. Die Butter in einem großen Topf zerlassen und die Zwiebel darin glasig dünsten. Die Kartoffel hinzufügen und kurz mitdünsten. Dann mit dem Chablis ablöschen und ca. 5 Minuten einkochen lassen. Die Fleischbrühe zugießen und alles 20 Minuten köcheln lassen. Anschließend die Suppe durch ein Haarsieb streichen und noch mal aufkochen. Die Sahne zugießen und die Suppe mit Salz, Pfeffer, Cayennepfeffer und Muskatnuß abschmecken. Dann das Kressepüree unterrühren und noch mal kurz erhitzen. Zuletzt mit der geschlagenen Sahne verfeinern und die Räucherlachsstreifen darüberstreuen. Sofort servieren.

Tip:
Wer seine Gäste mit was ganz Besonderem überraschen möchte, der kann noch zusätzlich frischen Trüffel — am besten schwarzen aus dem Périgord — über die Kressesuppe hobeln oder Trüffeljulienne darüberstreuen. Aber auch wachsweich gekochte, halbierte Wachteleier sind eine weitere feine Einlage.

Spinatauflauf mit gebratener Entenleber

500 g Rahmspinat, 6 Eigelb, 4 Eiweiß, Butter für die Form, 4 EL geriebener Parmesan.
Außerdem: 600 g Entenleber, 2 EL Butter, 2 Frühlingszwiebeln (geputzt und in feine Ringe geschnitten), Salz, Pfeffer aus der Mühle, Salbei, 100 ml Geflügelfond

Den Rahmspinat mit den Eigelben verrühren. Das Eiweiß steifschlagen und vorsichtig unterheben. Die Spinatmasse in eine gebutterte Auflaufform füllen und mit dem Parmesan bestreuen. Im auf 240° vorgeheizten Backofen ca. 30 Minuten überbacken. Inzwischen die Entenleber entsehnen, waschen und mit Küchenkrepp trockentupfen. Die Butter in einer Pfanne zerlassen. Die Frühlingszwiebeln kurz darin dünsten. Dann die Leber hinzufügen und bei geringer Hitze auf beiden Seiten zartrosa braten. Mit Salz, Pfeffer und Salbei würzen. Auf dem Spinatauflauf servieren.

Salat von Wachtel- und Hühnereiern

12 Wachteleier, 4 Hühnereier, 1 Kopfsalat (geputzt und in Blätter zerteilt), 2 Päckchen Kresse (abgeschnitten).
Für das Dressing: 2 Eigelb, $\frac{1}{4}$ l kaltgepreßtes Sonnenblumenöl, 1 TL Löwensenf, 0,1 l trockener Weißwein, Salz, Pfeffer, Cayennepfeffer
1 kleiner Bund Dill (feingehackt).
Außerdem: 40 g geschmeidige Butter,
1 Bund Schnittlauch (in feine Röllchen geschnitten), 1 kleine Knoblauchzehe (geschält und fein zerdrückt), 4 Scheiben Sechskornbrot, 10 Radieschen (gestiftelt)

Die Wachteleier in 2 Minuten, die Hühnereier in 8 Minuten wachsweich kochen. Dann abschrekken, schälen und halbieren. Den Kopfsalat und die Kresse auf vier Tellern anrichten. Die Eihälften darauf verteilen. Für das Dressing die Eigelbe verrühren. Das Sonnenblumenöl unter ständigem Rühren langsam dazugießen, bis die Masse cremig ist. Dann den Senf und den Wein unterrühren und mit Salz, Pfeffer und Cayennepfeffer abschmekken. Zuletzt den Dill lokker unterheben. Die Butter mit einem Teil des Schnittlauchs, Salz, Pfeffer und dem Knoblauch verrühren. Auf die Brotscheiben streichen und im Backofen überkrusten. Das Dressing über die Eihälften gießen und mit dem restlichen Schnittlauch bestreuen. Mit den Radieschenstiften garnieren. Dazu das überkrustete Brot servieren.

Tip:
Zu einer kleinen Delikatesse wird dieser Salat, wenn man ihn mit Möwen- und Kiebitz-Eiern zubereitet. Möweneier gibt es allerdings nur im Frühling.

RAUMSCHMUCK, BELEUCH

Wer zum Essen, ins Theater oder in die Oper geht, wird sich natürlich gern ein bißchen »herausputzen«. Wenn Sie Gäste zu sich einladen – warum nicht auch die Wohnung ein wenig schmücken? Das muß nicht unbedingt sehr aufwendig sein. Mit etwas Erfindungsgeist und einigen »Zutaten« können Sie sogar alte Bekannte überraschen. Schaffen Sie eine Szenerie, und holen Sie mit vielen Blumen den Frühling, oder mit Gräsern und Blattwerk den Herbst, ins Haus. Das wirkt, und dieser erste Eindruck – noch bevor Sie irgend etwas auftischen – zeigt, daß Sie Ihre Gäste schätzen und für Atmosphäre gesorgt haben.

Blickfang Blumen

Ob Sommer oder Winter, ob offizieller Empfang oder lässiger Kaffeeklatsch – Blumen sollten nirgends fehlen. Sie sind nun einmal der schönste Schmuck für einen Raum, den man sich vorstellen kann. Damit sie aber auch gut zur Geltung kommen, müssen sie richtig »in Szene« gesetzt werden. Ein üppig großer Strauß, arrangiert und geschickt plaziert, kann ebenso zum Blickfang werden wie eine besondere Pflanze (vielleicht ein prächtiger Hortensienstock – natürlich mit einem passenden Übertopf). Ein geschmackvolles Arrangement liefert so manches Mal anfänglichen Gesprächsstoff für die Gäste. Im wahrsten Sinne des Wortes doppelt schön wirkt ein Strauß oder eine Pflanze, wenn sie vor einem Spiegel plaziert wird.

Einen Abend lang wunderschön anzusehen sind ausgelegte Blüten (leider dann nicht so haltbar): Große Pfingstrosen, Hortensien- oder Gerberablüten, großzügig verteilt, wirken toll. Wichtig:

NG

Besorgen Sie sich große Blätter dazu. Es eignen sich Aralie, Anturie, Aspedistra oder auch Bananenblätter. Ob Sie damit nun Ihre Tafel schmücken, das Buffet oder den Wohnzimmertisch, bleibt Ihnen überlassen. Vielleicht spannen Sie mit Ihrer Lieblingsblüte auch einen »roten Faden« in der ganzen Wohnung, von der Küche bis zum Bad. Das könnte dann auch so aussehen: Sammeln Sie rechtzeitig viele leere Champagnerflaschen und benutzen Sie sie als Vasen für knallrote Mohnblüten! Die Kombination von Grün und Rot paßt hervorragend. Aufgereiht auf einer langen Fensterbank sehen auch einarmige Kerzenleuchter und dazwischen Flaschen, mit Bärgras gefüllt, sehr gut aus.

Fruchtiger Augenschmaus

Üppige Obstschalen verführen nicht nur zum Naschen — sie regten schon unzählige Maler zu stimmungsvollen Stilleben an. Nutzen Sie diese Ausstrahlung als originelle Dekoration, die sich vielleicht einmal nicht wie üblich — in einer Obstschale — präsentiert. Legen Sie die Früchte aus, dann werden sie zum festlichen Schmuck Ihrer Tafel oder zum Anziehungspunkt eines Raumes. Dafür sind die Früchte exotischer Pflanzen natürlich bestens geeignet. Lassen Sie sich beim Obsthändler inspirieren. Oder kaufen Sie verschiedenes Obst nur in einer Farbe, und kombinieren Sie es mit Grünzeug: Efeuranken und Weinlaub passen hervorragend. Witzig sehen auch Zitronen oder Orangen aus, wenn Zitronen- oder Orangenbäumchen dazugestellt werden. Wie wär's mit vielen knallroten Tomaten in verschiedenen Größen und dazwischen einigen Töpfchen mit Basilikumpflanzen? Oder mit Früchten, die es auch in Miniform gibt — große Bananenstauden mit winzigen Minibananen oder große Ananas und dazu die Baby-Ananas.

Glas-Aquarien

Damit können Sie edle Blüten besonders effektvoll präsentieren. Die Aquarien gibt's in vielen verschiedenen Größen — kombinieren Sie immer mehrere: z. B. ein größeres Gefäß mit Blüten (wie beim Blumenstrauß auch hier auf eine ungerade Zahl achten!) zusammen mit zwei oder drei kleineren Gefäßen mit Schwimmkerzen in passenden Farben. Und diese Blüten eignen sich besonders gut: Amaryllis, Rosenköpfe, Seerosen.

RAUMSCHMUCK, BELEUCHTUNG

Alle Jahre wieder

Wer feiert, der hat — zumindest meistens — Grund dazu. Der Geburtstag gehört wohl zu den häufigsten Anlässen, auch wenn ihn viele am liebsten übergehen möchten. Aber älter werden wir nun alle, ob wir feiern oder nicht. Dann schon lieber feiern!

Wenn Sie zu Hause für ein Familienmitglied oder einen guten Freund ein Geburtstagsfest veranstalten: Richten Sie dem Jubilar doch einmal einen ganz besonderen Geburtstagstisch. Wenn Sie dafür noch ein passendes Motiv auswählen, dann ist diese Dekoration allein schon ein sehr persönliches Geschenk. Arrangieren Sie z. B. für einen Weltenbummler oder eine Reiseliebhaberin eine eigene kleine Südseeinsel: mit blauer Lackfolie, Muscheln und ein oder zwei Yucca-Palmen, vielleicht noch einen passenden Urlaubsschmöker neben einem (Puppen-)Liegestuhl plaziert. Das kommt bestimmt gut an.

Sie können dafür auch eine ganze Zimmerecke einrichten. Wenn Sie zudem keine Scheu vor nachträglicher (Putz-)Arbeit haben, können Sie auch echten Sand auf der Folie ausstreuen. Ist über dem Tisch ein Haken an der Decke oder eine Lampe? Dann können Sie auch noch stilecht das Dach einer Strohhütte drüberbauen: Dazu brauchen Sie dann einen größeren Steckschwamm (etwa 20 × 20 Zentimeter groß), den Sie mit Draht an dem Haken befestigen. Stecken Sie dann sternförmig Wedel einer Palme, z. B. einer Phönixpalme, in den Schwamm.

Mit zarten großen Federn (aus dem Dekofachgeschäft) geht's natürlich auch. Wer lieber etwas weniger Aufwand treibt: Hüllen Sie einen Extra-Tisch mit Kreppapier ein, in einer Farbe, und schmücken Sie das Ganze mit farblich passenden Blumen und dicken Kreppschleifen. Hübsch sieht's aus, wenn alles in Pastell gehalten ist. Oder so richtig knallbunt — dann passen auch bunte Süßigkeiten gut darauf.

Lichterketten

Sie vermitteln Ihrem Fest einen Hauch von Hollywood: Sie können damit besonders schöne Grünpflanzen erhellen und optisch in den Vordergrund rücken oder aber ein Fenster dekorieren: Tip: Wird die Lichterkette auf einem Tisch ausgelegt, dann verdecken Sie die Drähte mit Tüll oder (Blüten-)Zweigen.

Strahlend schön: Kerzen

Wer noch alte Deckenleuchter mit echten Kerzen besitzt, kann seinen Gästen unverfälschte Romantik bieten. Stilvoll sind Kerzen aber in jedem Fall – auch wenn sie »nur« auf dem Tisch stehen. Und unnachahmlich sind Licht und Atmosphäre, die sie verbreiten. Was Stil, Größe, Farbe und Form, ja sogar Geruch angeht, gibt's unzählige Möglichkeiten: Ob Sie nun Stumpenkerzen in verschiedenen Größen aufstellen, fein duftende Bienenwachskerzen oder Teelichter auf der Fensterbank – alle in einer Farbe, Ton in Ton oder selbst mit Flitter besprüht. Probieren Sie's vielleicht auch einmal ganz ohne Kerzenständer: Damit's trotzdem nicht auf die Tischdecke tropft, nehmen Sie einfach ein großes frisches Blatt, oder Sie schneiden Herz- oder Kreisformen aus einem Stück Lackfolie aus. Eine Spiegelkachel läßt sich ebenfalls sehr gut als Kerzenständer zweckentfremden. In entsprechenden Geschäften finden Sie weitere Anregungen: Kerzen in Form eines Golfballes, eines Bären oder Flugzeuges. Oder Sie demonstrieren Ihre Vorliebe entweder für VW-Käfer oder Porsche, ganz nach Geschmack.

Licht aus Spot an

Dieses Motto paßt gut, wenn Gäste kommen (möchte man meinen). Aber Sie sollten es nicht allzu wörtlich nehmen. Auch wenn's offiziell heißt: Je festlicher der Rahmen, desto heller die Beleuchtung. Indirekte Beleuchtung oder Kerzen sind aber stimmungsvoller und vermitteln ein angenehmeres Licht. Bevorzugen Sie also entsprechende Lichtquellen: Lampen und Strahler, die so installiert sind, daß das Licht Ihre Gäste nicht blendet.
Für eine lockere Party können Sie ruhig auch einmal die Lampenschirme abnehmen und durch andere ersetzen. Asiatische Papierschirme z. B. geben ein besonders schönes, weiches Licht.

Frühstück mit Takt

So geben Sie den Ton an: Arrangieren Sie mal einen Brunch mit Hausmusik – und der Applaus ist Ihnen gewiß

Manchmal werden schon merkwürdige Party-Wünsche an mich herangetragen: Da wollte zum Beispiel ein Geschäftsmann, der gerade in Konkurs gegangen war, trotz allem sehnlichst eine Feier für sich und seine ihm verbliebenen Freunde veranstalten. Eine Aufgabe, die mich herausforderte, und die ich dann mit einer Überraschung verblüffend einfach löste. Ich richtete ihm eine unvergeßliche Party aus: Es gab nämlich nur Brot – allerdings viele köstliche Sorten – dazu einen einfachen roten Landwein. Daß in diesem speziellen Fall auch die Besinnung mitschwang: „Unser täglich Brot gib uns heute ...", war ganz gut. Es herrschte allgemein ganz besondere Zufriedenheit.

Was tut man aber, wenn eine gewichtige Dame der Gesellschaft zu ihrem runden Geburtstag eine Party wünscht, die ihr gerade mal wieder praktiziertes »Abspecken« keinesfalls stören darf und auch nicht die diversen Diäten ihrer Freundinnen? Dieses Problem war nur mit einem Joghurt-Quark-Brunch zu lösen – und zwar in allen erdenklichen Geschmacksvariationen. Von dieser »Schlemmerei« waren die Damen begeistert. Man kann also auch mit schlichten Mitteln seinen Gästen das Gefühl geben, daß man es für sie an nichts hat fehlen lassen. Der Wert eines Festes ist nun mal nicht die teuere Grundlage, sondern eher die herzliche und ideenreiche Gastfreundschaft ...

Harmonie auf der ganzen festlichen Linie, wenn Sie Brahms, Champagner und Pasteten lieben

Meine Ideen

»Man kann feststellen, daß der Deutsche zeitiger frühstückt und nach alter Gewohnheit mit einem einfachen Frühstück zufrieden ist. Allerdings ist in den letzten Jahren die Tendenz zur Üppigkeit auch hier zu beobachten, das heißt, das kulinarische Frühstück wird sich immer mehr durchsetzen ...« — so steht's in einem Lehrbuch für angehende Gastronomen. Wie wahr! Und weiter kann man beobachten, daß diese — fast schon geniale — Zusammensetzung von Frühstück und Mittagessen (breakfast und lunch) immer beliebter wird, gleichermaßen bei den Gästen wie bei den Gastgebern.

Zur Schlacht am Brunch-Buffet läßt sich trefflich mit oder ohne besonderen Anlaß einladen. Hier kommen auf unkonventionelle Art Freunde und Bekannte zusammen, die so viel essen und trinken können, wie sie möchten. Ein Schlaraffenlandgefühl, das verbindet!

Zum Brunch kann man auch ganz kurzfristig einladen, denn das Spontane ist auch das Sympathische an diesem Unternehmen. Vom Gastgeber selbst allerdings wird sich so ein Brunch nicht improvisieren lassen. Da heißt es dann schon, ein paar Tage vorher zu disponieren und sich für eine Essensszenerie zu entscheiden.

Auf diesen Seiten stelle ich Ihnen einen klassischen Brunch mit Hausmusik vor. Alles ist darauf abgestimmt, dem Klavierspiel recht nahe zu rücken — vom Ambiente bis hin zu den Petits fours mit Notenschlüssel. Allerdings wird es fast unumgänglich sein, jemanden anzustellen und zu bitten, die feinen »Häppchen« von der Küche aus nachzuliefern, damit ohne Unterbrechung gegessen werden kann. Abgesehen davon darf ein Brunch-Buffet auch nie »abgegrast« aussehen, da doch immer wieder Gäste nachkommen (denn eine Brunch-Einladung verpflichtet ja immerhin nicht zur Pünktlichkeit), und ein Gast, der eine Stunde später kommt, soll noch voll einsteigen können.

Wenn nur zwei bis acht Personen mit von der Partie sind, läßt sich ein Brunch natürlich an einem einzigen Tisch zelebrieren, und zwar so, daß dieser sich biegt ... Das heißt: Alles, was dazu gehört, wird aufgetischt. Ein »bäuerlicher Brunch« wäre dazu geradezu prädestiniert. Inmitten des Tisches können Sie auf einem derben Holzbrett »Trümmer« von deftigem Schinken oder Jungschweinebraten anbieten — am besten, Sie lassen sich alles von einem Metzger oder Wirt vorbereiten. Ein Riesenmesser (unbedingt scharf!) zur Selbstbedienung gehört dazu. So sind die Gäste beschäftigt und helfen sich gegenseitig.

Auch ein Hackbraten oder eine Kräuterquiche (Rezept S. 64) passen durchaus zum Gusto eines Bauernschmauses. Ebenso machen sich kleine Leberkäse gut (aus fertigem Brät vom Metzger), aber mal ganz anders: in Gugelhupfform gebakken und serviert. Wenn es Bratkartoffeln gibt, dann bieten Sie vielleicht gleich zwei Sorten an: in Scheiben mit Rosmarin gemischt und in Würfeln mit Basilikum, jeweils in schwarzen gußeisernen Pfannen auf den Tisch gestellt. Schüsseln voll mit Kartoffelsalat, untermischt mit Endivien- und Feldsalat, passen auch zu einem rustikalen Brunch. Oder Sie stellen einen großen Kessel auf den Tisch (im Freien sieht es sehr dekorativ aus, wenn er an einem Dreiergestell hängt), aus dem Tafelspitz-Spitzen, gepökeltes Rindfleisch, Kalbszunge und gespickte Rinderbrust zu fischen sind. Fenchel, große Zwiebeln, Wirsing, Lauch-, Kartoffel- und Karottenstücke sollten in der Bouillon schwimmen — die kann sich dann jeder selbst zurechtschneiden. Dazu gibt's würziges Schwarzbrot, Brezeln und Bauernwecken, süßen Senf und vielleicht noch eine Meerrettich- oder Schnittlauchsauce.

Nicht nur sehr aromatisch, sondern auch dekorativ sind kleine Zwergtomaten, die Sie über den ganzen Tisch verteilen können. Auch hartgekochte Möweneier (mit Selleriesalz) sind eine delikate Abwechslung.

Ein Extra-Tischchen, an dem sich jeder gern bedient: Hier werden frische Frucht- und Obstsäfte in appetitlichen Glaskrügen angeboten

Ein romantischer Eßplatz, an den sich zwei vom Brunch-Buffet zurückziehen können

Den naschhaften Ansprüchen wird ein selbstgemachter Hefezopf oder ein Apfel- oder Kirschstrudel – je nach Jahreszeit – gerecht. Auch Obst wird einfach, aber effektvoll serviert: In einer länglichen schwarzen Reine oder auf einem Kuchenblech werden alle Beeren, die es gerade gibt, mit Orangenzucker gemischt. Mit einer bereitgelegten Kinderschaufel darf sich jeder bedienen; dazu gibt's frische Milch oder Sahne.

Dieser Bauerntisch spricht für sich. Da braucht's weiter keine Tischdekoration – außer vielleicht derbes Bauernleinen als Tischdekke, sofern das Holz des Tisches nicht recht paßt.

Allerdings: Blumen sehen ja eigentlich immer schön aus. Besonders, wenn das ein buntgemischter Feldblumenstrauß ist oder ein Krug mit leuchtend roten Mohnblumen. Für meinen Brunch-Vorschlag eignen sich auch Maiglöckchen oder Vergißmeinnicht – die können Sie dann aus Hügeln, die mit Moos bedeckt sind, »herauswachsen« lassen.

Findet dieser Brunch im Mai statt, dann kann man natürlich inmitten aller Köstlichkeiten einen kleinen Maibaum aufstellen (der höchst einfach zu fertigen ist). Daran hängen die Fotos der Gäste oder Symbole, die für deren Hobbies gelten. Zum zünftigen Mai-Tanz braucht's dann nur noch die entsprechende Musikuntermalung.

Meine Tips

<u>Die Tischdekoration</u> beim Brunch wird keine Rolle spielen – hier wirkt das Essensangebot für sich allein. Aber es kommt schon darauf an, wie man es präsentiert:

- Ungemein frisch wirkt es, wenn die ganze Tischfläche mit grünen Blättern der Jahreszeit bedeckt wird (im Winter können das sogar bizarre Kohlblätter sein). Mit einer Spur Fett eingerieben, bekommen die Blätter einen schönen Glanz. Sehr dekorativ wirkt es auch, wenn Sie darüber unzählig viele Zitronenscheiben und -rosetten verteilen.
- »Untermauern« Sie Ihr Brunch-Buffet doch einmal mit Ziegelsteinen. Das ist praktisch, da Sie Stufen einbauen können, und die Wirkung ist verblüffend originell. Auch große Flußbettsteine oder eine Lage feiner Kies eignen sich als fester wie dekorativer Untergrund für gefüllte Töpfe, Tiegel und Pfannen. Legen Sie zuvor als Schutz für den Tisch eine Folie unter.

<u>Servierplatten</u> für den Brunch-Tisch können ganz einfach sein, zudem schön und praktisch:

- Auf einer Marmorplatte wirken Speisen, besonders Käse, ausgesprochen frisch und appetitlich. Marmorplatten kann man sich beim Steinmetz in jeder Größe und Form anfertigen lassen (das ist gar nicht mal so teuer). Ebenso passend wie praktisch ist ein überdimensionales (vom Schreiner besorgtes) Holzbrett, das noch die Baumrinde aufweist.
- Ein Spiegel, der üblicherweise an der Wand hängt, kann sich in seiner dekorativen Wirkung einmal ganz anders bewähren. Sorgfältig gesäubert und mit Blattwerk oder Blumen umgeben, ist er eine ideale Unterlage für »hervorzuhebende« Speisen.

<u>Aufmerksamkeiten in punkto Essen</u> werden Ihre Gäste dankbar registrieren:

- Bieten Sie Kleinigkeiten, wie zum Beispiel Senf, auch in außergewöhnlichen Varianten an: Honig-, Früchte-, Estragon- oder Schalottensenf. Auch Salz gibt es in erstaunlichen Geschmacksrichtungen. Mit Schildchen gekennzeichnet, wird's jeder Gast gern einmal probieren.
- Auch verschiedene Buttersorten sind eine feine Sache. Gleichzeitig kann man auch farbliche Effekte zaubern.

  Rote Butter: Sie wird mit Tomaten- oder Paprikamark vermischt oder mit Dill oder Basilikum mit einem grünen Touch versehen.

  Gesalzene (gelbe) Butter kauft man am besten fertig.
- Brot oder anderes Backwerk sollte vor dem Anbieten immer noch einmal kurz aufgebacken werden, damit es schön rösch ist.

Häppchen von der edlen Sorte: Mini-Baguettes, mundgerecht abgeschnitten, belegt mit Hummer, Pastete, Entenbrust und Lachs, fein dekoriert mit Ei, Kresse und Dill. Extravagant serviert auf gehacktem Aspik

BRUNCH-GEHEIMNIS

Damit muß man rechnen: Der Brunch kann leicht zum Dämmerschoppen werden … So sehr es schmeichelt, wenn Gäste sich schier unendlich wohlfühlen, irgendwann sollte dann vielleicht doch mal Schluß sein. Da hilft nur eines:
Ein Programm außer Haus — spontan oder vorab angekündigt. Das kann sein: ein Ausflug zu einer Sehenswürdigkeit in der Umgebung oder zu einer neu eröffneten Ausstellung, ein Konzert- oder Kinobesuch — oder es geht auf ins Fußballstadion oder zur Pferderennbahn.

Saiten-Klänge

Besonders stilvoll wäre natürlich ein Geigen-Solo live. Aber auch ausgesucht festliche Plattenaufnahmen sorgen für eine angemessene Musikuntermalung bei einer feineren Brunch-Einladung.

Kräuter-Quiche

Zutaten für eine Springform mit 26 cm Durchmesser:

1 Packung tiefgefrorener Blätterteig in Scheiben (300 g), Mehl zum Ausrollen, Fett für die Form. Für die Füllung: 150 g gewürfelter, durchwachsener Räucherspeck, 100 g Parmaschinken (in feine Streifen geschnitten), 120 g geriebener Käse (zum Beispiel Emmentaler Käse), 5 Eier, 1/4 l süße Sahne, 1 Prise Salz, Pfeffer aus der Mühle, 50 g frische, feingehackte Kräuter, (zum Beispiel Petersilie, Basilikum, Dill, Schnittlauch, Kresse und etwas Thymian)

Die aufgetauten Blätterteigplatten aufeinanderlegen und auf einer bemehlten Arbeitsfläche ca. 2 mm dick ausrollen. Eine leicht ausgefettete Form damit auskleiden, dabei einen etwa 2 cm hohen Rand formen. Die Zutaten für die Füllung in einer Schüssel vermengen. Dann in die ausgelegte Springform gießen. Im vorgeheizten Backofen bei 200° ca. 35 Minuten backen. Möglichst heiß servieren.

Melonenkaltschale

Rezept für vier Personen:

2 reife Cantaloupe- oder Ogen-Melonen (insgesamt werden etwa 500 g reifes Melonenfleisch benötigt), 1 Becher Naturjoghurt (175 g), Zitronensaft

Die Melonen halbieren, entkernen und mit einem Kugelbohrer etwa 20 Kugeln ausstechen. Zum Garnieren beiseite stellen. Dann das restliche Melonenfleisch herauslösen, kleinschneiden und zusammen mit dem Joghurt pürieren. Mit etwas Zitronensaft abschmecken und kühl stellen. In den Melonenhälften mit je ein paar Melonenkugeln servieren. Die Hälften am besten auf zerstoßenem Eis anrichten. Als Garnitur passen außerdem: Minzeblättchen und frische Himbeeren, Kerbelblättchen und ausgelöste Garnelen, Dillzweiglein und Hummerfleisch, Estragonblättchen und gewürfelte Papaya, Kapuzinerkresse und Krabben sowie rote Basilikumblätter.

Fruchtige Erfrischung

Bieten Sie Ihren Gästen zu der erfrischenden Melonenkaltschale (Rezept links) auch noch einen Augenschmaus.
Lassen Sie sich auf dem Markt inspirieren, und stellen Sie ein Früchte-Stilleben zusammen, das sich sehen lassen kann:
Mangostanen, Kiwanos, Grenadillen, Lychees und frische Feigen (Ihr Obsthändler hat vielleicht noch anderes auf Lager) sind eine köstliche Bereicherung Ihres Brunch-Buffets. Und achten Sie darauf, daß die Früchte den richtigen Reifegrad haben; denn dann wird der Geschmack Ihre Gäste sicher an Sonne und ferne Länder denken lassen.

Musikalische Verführung

Gar nicht so schwierig, wie es aussieht und traumhaft wirkungsvoll: Petits fours Ton für Ton zum Mokka serviert! Sie brauchen für diese Teller-Dekoration schwarze und weiße Dessertteller, helle und dunkle Petits fours, Eiweißspritzglasur, Pergamentpapier — und eine ruhige Hand. Der Tip vom Konditormeister: Schlagen Sie für die Spritzglasur Eiweiß steif, rühren Sie es mit Puderzucker glatt, bis die Masse die richtige Konsistenz zum Spritzen hat. Für die dunkle Masse können Sie natürlich Schokoladen-Kuvertüre verwenden. Einfacher geht es aber, wenn Sie unter die Eiweißmasse Kakaopulver rühren. Das Ganze wird in ein zum Tütchen gerolltes Pergamentpapier (unten mit einer kleinen Öffnung) gefüllt. Dann werden — möglichst in einem Guß — die Notenlinien und der Violinschlüssel gezogen und die Noten daraufgesetzt. Am besten vorher üben!

Übrigens:

Bieten Sie doch einmal Gläser mit einem Eishauch an. Sie wirken besonders edel und halten das Getränk schön kühl.
Dazu brauchen Sie die Gläser nur kurz ins Wasser zu halten und dann ungefähr eine halbe Stunde ins Tiefkühlfach zu legen.
Oder bereiten Sie für exotische Fruchtcocktails Gläser mit Zuckerrand vor: Tauchen Sie dazu die Gläser zuerst mit dem Rand in Zitronensaft und dann in einen Teller mit Zukker. Strohhalme nicht vergessen!

EXTRA REZEPTE

Spargelgerichte

Alle Rezepte sind für vier Personen berechnet

Spargelsoufflé mit Zanderfilet und Garnelen

600 g Zanderfilet, 200 g weißer Spargel (gekocht, in Stücke geschnitten und die Köpfe beiseite gestellt), 4 kalte Eiweiß, Salz, weißer Pfeffer, Cayennepfeffer, ½ l süße Sahne (eisgekühlt), Butter zum Ausfetten von Förmchen und zum Braten.
Für die Petersiliensauce: ¼ l Geflügelfond (gibt's fertig zu kaufen), ⅛ l Crème fraîche, 50 g kalte Butter, 3 EL feingehackte Petersilie.
Außerdem: 100 g Garnelen (gekocht und aus den Schalen gelöst)

400 g Zanderfilet mit den Spargelstücken im Mixer pürieren, dann durch ein feines Sieb passieren. Mit einem Holzlöffel das Eiweiß unterrühren und die Masse mit Salz, Pfeffer und 1 Prise Cayennepfeffer würzen. Dann nach und nach die Sahne unterrühren. Vier kleine Förmchen oder Kaffeetassen gut ausfetten und die Fisch-Spargel-Masse hineinfüllen. Im heißen Wasserbad im auf 200° vorgeheizten Backofen 15 Minuten backen. Inzwischen das restliche Zanderfilet salzen, pfeffern und in erhitzter Butter auf beiden Seiten kurz braten, warm stellen. Für die Sauce den Geflügelfond etwas einkochen lassen. Dann die Crème fraîche unterrühren und die Sauce mit der Butter und der Petersilie aufschlagen. Die Garnelen in der Mikrowelle noch mal kurz erhitzen. Die Soufflés auf Teller stürzen und mit der Petersiliensauce umziehen. Mit den Zanderfilets, den Garnelen und den beiseite gestellten Spargelköpfen anrichten.

Tip:
Das Spargelsoufflé kann man ohne weiteres auch mit grünem Spargel zubereiten. Er hat eine kürzere Garzeit und muß nicht geschält werden. Einfach nur die holzigen Enden abschneiden.

Spargelragout in Blätterteigpasteten

1 kg weißer oder grüner Spargel (eventuell auch gemischt), Salz,
1 TL Zucker, 1 EL Butter.
Für die Sauce: 2 EL Butter, 2 EL Mehl, 50 g Crème double, 5 Eigelb, Salz, 1 Prise Cayennepfeffer, Muskatnuß, etwas Zitronensaft.
Außerdem: 2 kleine Möhren (geputzt, in Scheiben geschnitten und gegart), Kalbfleischklößchen aus 250 g feinem Kalbsbrät (mit einem Teelöffel vom Brät kleine Klößchen abstechen und in kochendem Wasser garziehen lassen), 4 große Blätterteig-Pasteten

Den Spargel schälen (holzige Enden abschneiden) und in kochendem Salzwasser mit dem Zucker und der Butter ca. 20 Minuten kochen. Anschließend abgießen — etwas Spargelbrühe zurückbehalten — und den Spargel in schräge Stücke schneiden, warmstellen. Für die Sauce die Butter in einem Topf zerlassen. Das Mehl hinzufügen und darin anschwitzen. Dann mit der Spargelbrühe aufgießen und ca. 10 Minuten köcheln lassen. Inzwischen die Crème double mit den Eigelben verrühren. Die Sauce damit legieren und mit Salz, Cayennepfeffer, Muskatnuß und Zitronensaft würzen und abschmecken. Dann die Spargelstücke, Möhrenscheiben und die Kalbfleischklößchen in die Sauce geben und noch mal kurz erwärmen. Die Blätterteigpastetchen im Backofen erhitzen. Das Spargelragout hineinfüllen und heiß servieren.

Panierter Spargel mit Fränkischer Grüner Sauce

1,2 kg weißer Spargel, Salz, 1 TL Zucker, 1 EL Butter, 400 g gekochter Schinken in hauchdünnen Scheiben, etwas Mehl, 1–2 Eier, Semmelmehl zum Panieren, Butterschmalz zum Ausbacken.
Für die Grüne Sauce:
3 EL Mayonnaise, 3 EL Crème fraîche, 2 Eier (hartgekocht und feingehackt), 1 Becher Sahne-Joghurt, 1 EL Senf, Salz, Pfeffer aus der Mühle, frische Kräuter

Den Spargel schälen und in Salzwasser mit dem Zucker und der Butter ca. 20 Minuten kochen. Dann abgießen und gut abtropfen lassen. Je eine Spargelstange in eine Scheibe Schinken wickeln. Zuerst in Mehl, dann in verquirltem Ei und zuletzt in Semmelmehl wenden. Im Butterschmalz goldgelb ausbacken.
Für die Grüne Sauce die Mayonnaise mit den übrigen Zutaten verrühren und abschmecken. Zuletzt die feingehackten Kräuter unterrühren. Zum Spargel servieren.

Spargelsalat mit geräucherter Gänsebrust

20 Stangen grüner oder weißer Spargel (geschält und gekocht), 12 Chicoréeblätter, 1 Kopf Burgundersalat (rötlicher Kopfsalat), 100 g Feldsalat, ein paar Zwergtomaten, 500 g geräucherte Gänsebrust in hauchdünnen Scheiben.
Für das Balsamico-Dressing: $^{1}/_{8}$ l Aceto-Balsamico, $^{1}/_{4}$ l Walnußöl, Salz, Pfeffer aus der Mühle

Den Burgunder- und Feldsalat putzen und waschen. Den Burgundersalat außerdem in mundgerechte Stücke zupfen. Die Zwergtomaten vierteln.
Für das Dressing den Balsamico-Essig mit dem Walnußöl verrühren und mit Salz und frisch gemahlenem Pfeffer würzen. Dann die Chicoréeblätter, die Salate und die Zwergtomaten durch das Dressing ziehen. Auf vier Teller verteilen. Die Spargelstangen dritteln, auf den Salaten anrichten und mit etwas Balsamico-Dressing beträufeln. Zuletzt die geräucherte Gänsebrust darauf verteilen.

Spargel mit Spitzmorcheln und Wachteleiern

2 kg weißer Spargel, Salz, 1 TL Zucker, 1 EL Butter.
Für die Kerbelsauce: 2 EL Butter, 2 EL Mehl, 2 cl trockener Sherry, 50 g Crème double, 3 Eigelb, 50 g Kerbel, Salz, 1 Prise Cayennepfeffer.
Außerdem: 100 g frische Morcheln, 1 Schalotte, 1 EL Butter, 8 Wachteleier (in ca. 3 Minuten wachsweich gekocht und geschält)

Den Spargel schälen (holzige Enden abschneiden) und in kochendem Salzwasser mit dem Zucker und der Butter ca. 20 Minuten kochen. Anschließend abgießen – etwas Spargelbrühe zurückbehalten und warmstellen.

Für die Kerbelsauce die Butter in einem Topf zerlassen. Das Mehl hinzufügen und darin anschwitzen. Dann mit etwas Spargelbrühe und dem Sherry aufgießen und ca. 10 Minuten köcheln lassen. Inzwischen die Crème double mit den Eigelben verrühren. Die Sauce damit legieren. Zuletzt den feingehackten Kerbel unterrühren und mit Salz und Cayennepfeffer würzen und abschmecken. Die Morcheln putzen, waschen und mit der feingewürfelten Schalotte in der Butter dünsten. Den Spargel auf vier vorgewärmten Tellern anrichten und mit der Kerbelsauce überziehen. Mit den halbierten Wachteleiern und den Morcheln servieren.

Tip:
Eine feine Alternative zu Morcheln sind frische Shii-Take-Pilze. Die Hüte vom Stiel trennen. Die Stiele kleinschneiden und zuerst ins heiße Fett geben. 1 bis 2 Minuten dünsten, erst dann die Pilzhüte hinzufügen und mitdünsten.

TISCHDECKEN UND GEDECK

Den nicht. gedeckten Tisch gibt es nicht. Dem einen gefallen vielleicht die antiken Messerbänkchen aus Silber besonders gut — der andere findet's spießig. Für den einen gilt ein Tisch erst als hübsch gedeckt, wenn er perfekt durchgestylt ist. Der andere wiederum liebt es ganz schlicht und nur mit den unbedingt notwendigen Dingen ausgestattet. Natürlich ist ein perfekt gedeckter Tisch sehr einladend. Ich finde aber, das sollte man im privaten Bereich nicht ganz so streng handhaben, wie es beispielsweise in der Gastronomie der Fall ist.

Selbstverständlich gibt es auch für zu Hause einige Grundregeln, die für den gedeckten Tisch gelten. Aber darüber hinaus ist es einfach nett, die ganz persönliche Note des Gastgebers erkennen zu können.

Die Tischwäsche

Unter das Tischtuch sollten Sie bei einer festlichen Tafel Moltons legen. Die gibt's in jedem Geschäft, wo Sie auch Ihre Tischwäsche kaufen können. Sind sie exakt auf die Tischgröße zugeschnitten, achten Sie darauf, daß sie auch wirklich mit dem Tischrand abschließen und beim Auflegen des Tischtuches nicht verrutschen. Größere Moltontücher halten entweder durch einen eingenähten Gummizug, oder Sie binden Sie mit Extra-Bändern an den Tischbeinen fest.

Haben Sie kein rundes Tischtuch?

Kein Problem! Auch für einen runden Tisch können Sie ohne weiteres ein quadratisches Tischtuch verwenden. Lassen Sie dann aber die Tischtuchecken genau vor den Tischbeinen herabhängen. Hat Ihr runder Tisch nur einen Mittelfuß, legen Sie das Tischtuch so, daß die Ecken dort herunterhängen, wo die Gäste nicht (!) sitzen.

Ist Ihr Tischtuch zu lang?

Schlagen Sie's einfach nach innen ein. Tip: Nehmen Sie dazu die vom Türeingang abgekehrte Seite, dort fällt der kleine Notbehelf nicht so sehr auf.

Wer möchte, legt noch als zusätzliche Dekoration entweder Sets, einen Tischläufer oder eine Mitteldecke auf. Sets legt man so auf, daß ihr Rand mit der Tischkante abschließt. Tischläufer sollten Sie so plazieren, daß sie den Mittelbruch des Tischtuches überdecken. Haben Sie schöne Mitteldecken – in der Gastronomie werden diese quadratischen Decken auch Napperons genannt –, legen Sie diese so auf, daß der Überhang nicht über die Abschlußkante des Tischtuches ragt (siehe Zeichnung unten). Auf eine lange Tafel können Sie auch mehrere Napperons legen (siehe Zeichnung rechts).

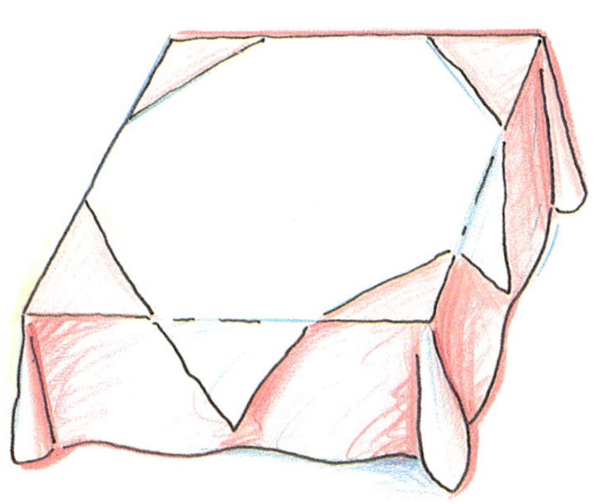

Ist Ihr Tischtuch zu klein?

Machen Sie's wie die Profis, und nehmen Sie einfach zwei oder mehrere Tischtücher – selbstverständlich müssen die dann gleich sein.

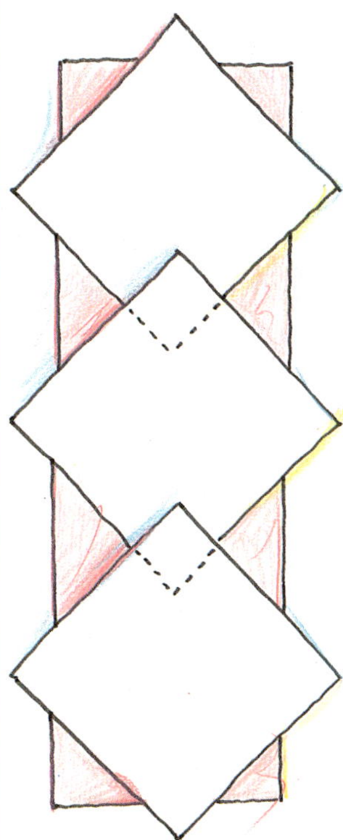

Sie sollten mindestens zehn Zentimeter überstehen, damit das Molton nicht sichtbar wird, wenn das Tischtuch einmal verrutscht. Und: an den Nahtkanten kein Gedeck plazieren. Eventuell zusätzlich Mitteldecken auflegen.

Kleiden Sie Ihren Tisch ein

Das sieht mit schönen Deko-Stoffen festlich aus und eignet sich ganz besonders für eine feierliche Tafel oder auch ein Buffet. Als »Tischtuch« können Sie auch Papier, Lackfolie oder günstigen Taftstoff wählen. Toll sieht auch Moiréestoff aus, oder, ganz rustikal: Rupfen. Zugegeben, der Aufwand ist nicht gerade gering, aber versprochen: Der Tisch wird seine Wirkung ganz bestimmt nicht verfehlen! Als Fläche legen Sie eine passende Spanplatte auf einen Tisch, oder Sie stellen gleich einen alten Tisch auf, den Sie sonst nicht mehr benutzen; denn der Stoff wird auf der Platte mit Metallklammern und einem sogenannten Tacker befestigt.

TISCHDECKEN UND GEDECKE

So wird's gemacht: Legen Sie zuerst das Molton auf den Tisch und bespannen Sie dann die Oberfläche des Tisches ganz straff mit Ihrem Stoff oder Papier. Tackern Sie die Ränder seitwärts an der Tischkante fest. Da Stoffe meistens 1,30 Meter breit sind und die übliche Tischhöhe bei 0,7 Meter liegt, genügt dann für die seitliche Umkleidung normalerweise die halbe Stoffbreite. Möchten Sie allerdings, daß der Stoff ganz großzügig auf dem Boden aufliegt, müssen Sie ihn entsprechend bemessen. Tackern Sie nun die Bahn rund um den Tisch fest. Legen Sie dabei in gleichmäßigen Abständen immer wieder Falten — etwa alle 15 Zentimeter. Das allein sieht schon gut aus. Wenn Sie möchten, können Sie aber auch noch mehr verzieren: z. B., indem Sie um die Tischkante ein Band spannen — farblich entweder Ton in Ton oder als Kontrast. Sie können auch zwischen jedem Platz eine Schleife setzen, die bis auf den Boden reicht. Oder Sie nehmen Efeuranken — ganz nach Geschmack. Man kann allerdings zuvor auch noch eine weitere Bahn um den Tisch befestigen, genau wie die erste mit Falten in regelmäßigen Abständen. Raffen Sie diesmal aber, je nach Stoffülle, diese zweite Lage noch zu Schabracken hoch, die Sie wiederum befestigen. Ein wahrhaft fürstlicher Tisch wird's nun sein! Als Anhaltspunkt für einen runden Eßtisch mit 1,80 Metern Durchmesser: Sie benötigen etwa zehn Meter Stoff, mit Schabracken zusätzlich etwa sieben Meter.

Festtafeln vorschriftsmäßig eingedeckt

Servieren Sie mit Platztellern, so sind diese der Mittelpunkt des Gedeckes. Wollen Sie keine Platzteller verwenden, werden die Teller etwa zwei Zentimeter von der Tischkante entfernt aufgestellt. Sind die Teller aber noch zum Warmhalten in der Küche, können Sie an ihrer Stelle die gefalteten Servietten drapieren (über die vielen Möglichkeiten, wie Sie Ihre Servietten falten können, mehr in dem Kapitel Servietten und Tischschmuck auf Seite 84/85). Ideal ist es, wenn Sie vom Mittelpunkt des einen zum Mittelpunkt des anderen Gedeckes etwa 70 bis 80 Zentimeter Abstand halten können. Aber leider hat man nicht immer so viel Platz! Hier wurden zwei verschiedene Varianten zusammengestellt. Das erste Beispiel zeigt ein einfaches viergängiges Mahl. Serviert wird hier eine kalte Vorspeise, eine Suppe, ein Hauptgericht und eine Nachspeise:

1: Teller — mit oder ohne Platzteller
2 + 3: Großes Messer und große Gabel für das Hauptgericht
4: Großer Löffel (wenn die Suppe in Suppentellern gereicht wird) oder Dessertlöffel (wenn die Suppe in Suppentassen serviert wird)
5 + 6: Vorspeisenmesser und Vorspeisengabel
7 + 8: Dessertgabel (mit dem Griff nach links) und Dessertlöffel (mit dem Griff nach rechts) für die Süßspeise
9 + 10: Brotteller und Buttermesser
Die Gläser sind hier in Längsform angeordnet:
11: Weißweinglas
12: Rotweinglas
13: Stielwasserglas

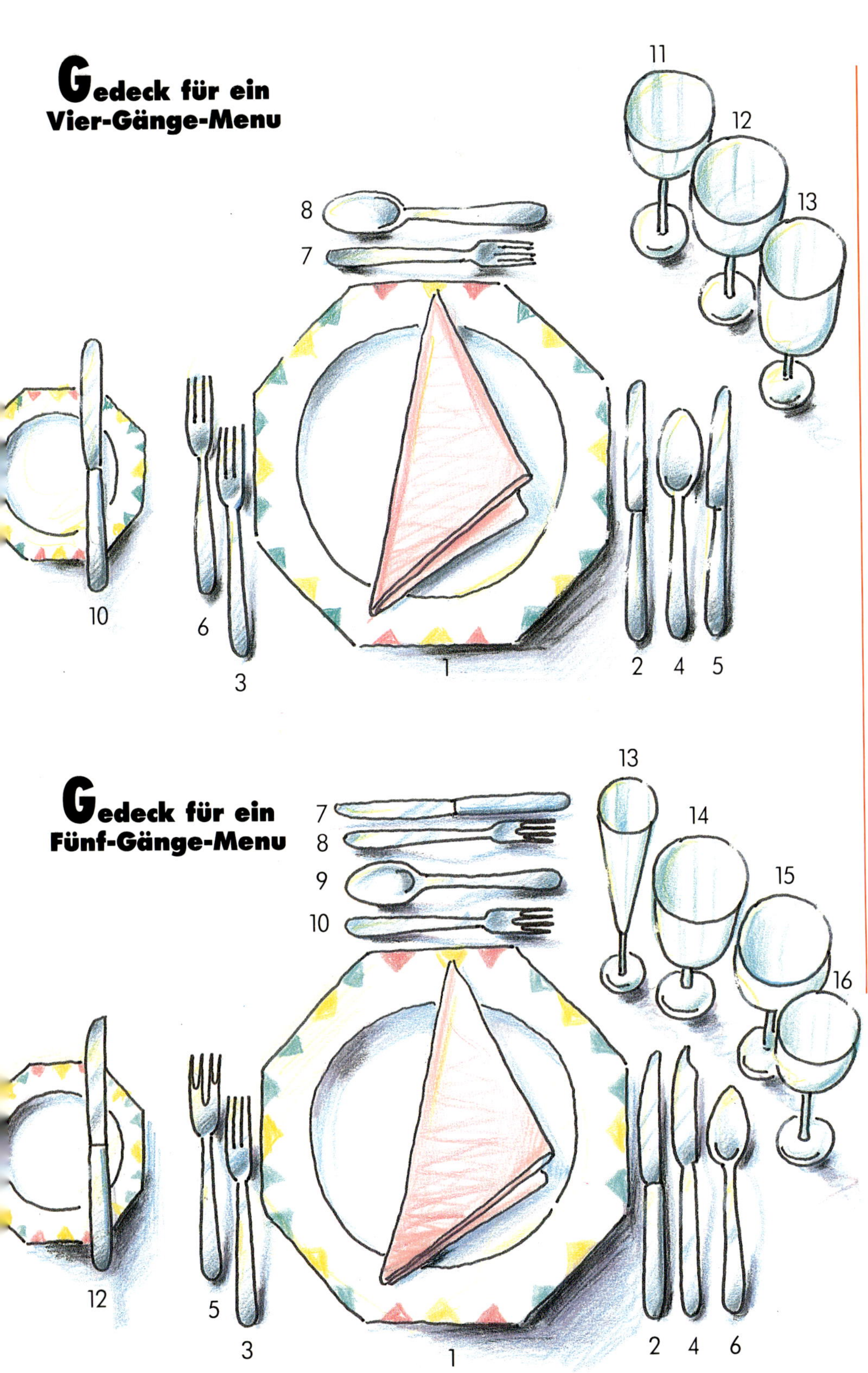

Etwas aufwendiger sieht das Gedeck aus, wenn Sie für ein Fünf-Gänge-Menu mit Suppe, Fisch, Hauptgericht, Käse und Nachspeise aufdecken:

1: Teller – mit oder ohne Platzteller
2 + 3: Großes Messer und große Gabel
4 + 5: Fischmesser und Fischgabel
6: Suppenlöffel
7 + 8: Dessertmesser und Dessertgabel (für den Käse)
9 + 10: Dessertlöffel und Dessertgabel (für die Süßspeise)
11 + 12: Brotteller und Buttermesser
Die Gläser sind hier in halbrunder Form angeordnet:
13: Sektglas
14: Stielwasserglas
15: Rotweinglas
16: Weißweinglas

Der große Tag

Einmalig, aber für zwei: Eine Hochzeit wie im Märchen – romantisch und unvergeßlich

Auf seine Hochzeit angesprochen, erzählte ein bekanntes Schauspielerpaar – inzwischen in Ehren zusammen ergraut – seine Geschichte: Jung und verliebt, wie sie beide waren, und modern, wie sie sich fühlten, hatten sie beschlossen, die Vermählung gar nicht zu feiern. Die standesamtliche Trauung brachten sie mit links hinter sich, als Trauzeugen schnappten sie sich zufällig vorbeikommende Passanten von der Straße, und das Hochzeitsmahl fand an der Würstchenbude statt. Abends ging man ins Kino …

Kurzum, sie fanden sich furchtbar schick. Ein Schick mit Schluckauf – ein Leben lang!

Auch wenn sie versuchen, dem Humor entgegenzusetzen, bereuen sie doch, daß sie ihre Hochzeit als unfestliche Angelegenheit zu einer Alltäglichkeit gemacht hatten und raten jedem davon ab.

Auch ich finde es schade, wenn unwiederbringliche Festtage, Jubiläen oder Familiendaten, nicht beachtet, also nicht gefeiert werden. Denn zum Leben gehört nun einmal die Erinnerung. Und für sie kann man schließlich nur in der Gegenwart Glanzpunkte setzen. Manchmal sogar ein ganzes Feuerwerk – und das natürlich ganz speziell bei der Hochzeit …

Mit Eis, Früchten und kleinen Akzenten am Rande – Ringen, Täubchen und Rosen – lassen sich die schönsten Hochzeitsdesserts kreieren

Michael

Meine Ideen

»Mein Herz war allein, braucht's nimmermehr sein. Hab' ein Schätzchen ergattert, bin selbst noch verdattert.«

Dieses Hochzeitsverslein mag rührend anmuten, aber – bei aller Verliebtheit: »Verdattert« darf man grad nicht sein, wenn's ans Heiraten geht! Der hohe Tag soll doch ein einmaliges Erlebnis sein, daher muß er äußerst gut vorbereitet werden. Da sich das aber garantiert lohnt, sollte man sich top-munter daranmachen – allerdings schon einige Zeit (mindestens zwölf Wochen) zuvor. Es gilt ja nicht nur, die wichtigsten Termine, wie Standesamt und Kirche, wunschgemäß zu bekommen und bürokratische Angelegenheiten (Papiere!) zu bewältigen, sondern auch rechtzeitig die ganz persönlichen Wünsche und Vorstellungen in den Ablauf der Feierlichkeiten einzubringen.

Auf diesen Seiten wurde dem Wunsch des Brautpaares nach einer romantischen Hochzeit gewiß entsprochen: Es wurde geradezu auf »Rosen gebettet« ... Eine Idee, die noch weiter auszuschmücken ist: Das Kirchenportal kann entsprechend umkränzt sein, davor stehen Rosenbäumchen, die Kirchenbänke sind mit kleinen Gestecken verziert, man schreitet nach der Trauung über ausgestreute Rosenblätter. Zum Empfang gibt es einen Rosen-Cocktail (Rezept S. 81), und die Tischordnung kann auch darauf abgestimmt sein: Jeder Gast bekommt beim Eintreffen eine spezielle Rose überreicht, die ihn seinen Platz an dem Tisch finden läßt, wo ebendiese Sorte arrangiert ist. Daß das Geschirr aufs schönste dazu paßt, ist auch klar. Und dann, höchst eindrucksvoll: Ein »Rosenkavalier«, anmutig verkleidet, sagt jeden Gang der Menufolge mit »blumenreichen« Worten an. Und ganz rund wird's, wenn dann noch der Walzer »Rosen aus dem Süden« von Johann Strauß ertönt ...

Nun, wie Sie Ihre Hochzeit auch zu feiern gedenken, überlegen Sie sich den Ablauf »nach Drehbuch«. Auch wenn es nur eine standesamtliche Trauung sein soll, können Highlights gesetzt werden. Abgesehen davon kann man sich die standesamtliche Zeremonie etwas feierlicher wünschen: Ansprache, Ringwechsel, Orgelspiel und Blumenschmuck – alles ist nach Absprache möglich.

Wie wär's danach mit einer Fahrt ins Blaue – symbolisch für die Fahrt ins Glück? Gebührende Geltung bekommt das, wenn es im gemieteten Rolls Royce oder Oldtimer geschieht. Oder gleich im neuen Auto, das man sich gemeinsam zur Hochzeit schenkte: mit einer Riesenschleife aus Tüll oder Lackfolie auf dem Dach verziert. Ein fein bestückter Picknickkorb, Piccolo-Champagner und Gläser sollten nicht fehlen.

Die Trauzeugen haben vielleicht doch als Quartiermeister für ein Endziel gesorgt. Ein Landgasthof, wo in einem besonderen Stüberl für alle Beteiligten der Hochzeitsschmaus wartet, der den ländlichen Gegebenheiten angepaßt ist. Da gibt's vielleicht eine aufgeschmalzene Brotsuppe mit Leberwurst, verschiedene Braten oder geviertelte Enten und als Nachspeise beispielsweise gebackene Holunderkücherl, Rhabarber- oder Kirschstrudel – je nach Jahreszeit.

Wollen Sie es nach der standesamtlichen Trauung besonders originell und heiter – ja, dann schwingen Sie sich doch gemeinsam auf ein blumengeschmücktes Tandem! (Regenschirme nicht vergessen! Regen zur Hochzeit bringt Glück, sagt man).

Oder Sie lassen eine Rikscha kommen und fahren beim feinsten Hotel am Platze vor, wo Sie sich bei einem exzellenten Hochzeitsmahl verwöhnen lassen (Menuvorschläge S. 78).

Bei einer großen Hochzeit mit vielen Gästen sind natürlich umfangreichere Vorbereitungen nötig. Vor allem aber wird die Frage nach schönen und geeigneten Räumlichkeiten im Vordergrund stehen. Will man nicht in einem Restaurant, Clubhaus oder Hotel feiern, sondern das Fest in einem außergewöhnlichen Rahmen veranstalten, dann wird's schon

Auch ein deftiger Braten macht sich bei einer Hochzeit gut. Hier ein Roastbeef mit feinen Gemüsen und Tomatenröschen. Ein edles Pils darf da nicht fehlen

Ein feiner Geschenktisch, wo die Gaben entsprechend gewürdigt werden und (später auch) gut aufgehoben sind: Mit weiß-glänzender Lackfolie wurde ein großer Karton verkleidet und mit einer riesigen Moirée-Schleife verziert

schwieriger. Wenn man sich aber rechtzeitig darum kümmert, ist auch dieses Problem zu lösen. Ich habe schon an den unglaublichsten Plätzen Feste ausgerichtet. Hier ein paar Ideen, die auch von Privatpersonen umsetzbar sind:

Man kann sich zum Beispiel einen Theater- oder Kinosaal, vielleicht auch eine kleine Bauernbühne, mieten. Ganz exponiert könnte die Brauttafel auf der Bühne stehen, während im Hintergrund Dias aus der Jugend der Brautleute gezeigt werden oder der Video-Film vom Tage. Ebenso ist es in manchen Museen (gegen eine Spende) möglich, Räume zu bekommen. Und man kann sich ja auch eine alte Scheune pachten, die man mit einfachen (von einer Brauerei ausgeliehenen) Tischen und Bänken bestückt und so dekoriert, als sei's das Ambiente für eine Zigeunerhochzeit. Warum nicht? Ein weißer Taubenschwarm an der Decke oder unzählige kleine Wolken (aus fingerdickem Schaumstoff ausgeschnitten und mit einer Perlonschnur befestigt) können einen Himmel darstellen, der vielleicht sogar voller geborgter Geigen hängt …

Auch Konferenzbusse, Straßenbahnen und Speisewagen-Zugabteile werden für (Hochzeits-)Gesellschaften nach Absprache und Entrichten entsprechender Kosten auf außergewöhnliche Fahrt geschickt, die konzentrierten Spaß verspricht. Für Blumenschmuck, Verköstigung und Getränke muß natürlich zusätzlich gesorgt sein. Sicher auch für den

roten Teppich, der fürs Brautpaar vielleicht beim Ein- und Aussteigen ausgerollt wird …

Abgesehen davon: Herzlich wird's immer dann, wenn ganz speziell, das heißt individuell, auf Braut und Bräutigam eingegangen wird. Ob mit einer Eskorte ihres Reitclubs oder einem Spalier seines Sportschützenvereins — stimmungsvoll (und unvergeßlich) ist so etwas gewiß.

Das Paar, dem diese und andere Ehr' zuteil wird, sollte aber auch an die »Zaungäste« — Bekannte und Nachbarn — denken, die herzlich Anteil nehmen, aber nicht direkt zum Fest eingeladen sind: Im Rahmen der Gratulationscour vor der Kirche wäre ein Umtrunk für alle eine liebenswürdige Geste. Ein berauschend festlicher wie fröhlicher Effekt kann das mit der fast einen Meter hohen und fünfzehn Liter fassenden Flasche Champagner »Nebukadnezar« von Moët et Chandon werden, die zwanzig normale Champagner-Flaschen aufwiegt (!).

Wenn dann das Brautpaar noch weiße Brieftauben fliegen läßt (vom Züchter kurzfristig ausgeliehen), dann können das nur »Friedenstäubchen« sein: Symbole für eine glückliche Ehe …

Das Hochzeitsmenu wird meistens zusammen mit dem Küchenchef oder Bankett-Manager eines Restaurants oder Partydienstes ausgewählt. Hier ein paar Anregungen:

Vorspeisen:
- Hummer-Gratin (Rezept S. 80)
- Frischer Stangenspargel mit Gänsestopfleber-Vinaigrette, Kressenestchen und Möweneiern
- Tartar von Räucherlachs auf Crème fraîche mit Rote-Bete-Saft

Suppen:
- Beeftea mit Trüffel-Julienne
- Trüffelsuppe mit Blätterteighäubchen
- Russische Borschtsch-Suppe mit Crème fraîche und Kaviar

Hauptgerichte:
- Wildwasserlachs mit Kräutern in Folie gegart, dazu Estragonschaum und Kartoffelkügelchen mit heißer Butter
- Stubenkükenbrüstchen mit Petersilienfarce gefüllt, Taubenbrüstchen überbacken mit Kräuterfarce, Wachtelbrüstchen naturelle mit Pilzsoufflé oder Haricots verts
- Ausgelöstes Milchlamm-Karree im Strudelteig

Käse:
- Italienische Käsetorte mit weißen Trüffeln aus dem Piemont, dazu sardisches Fladenbrot oder Baguette

Desserts:
- Mit Kirschwassermarzipan gefüllte Himbeeren
- Geeistes Mango-Parfait auf Kokosnußmilch mit Kiwischeiben und frischen Lychees

Die Einladung zum Hochzeitsfest kann einen ganz persönlichen und originellen Touch haben — schließlich ist es ja »Ihr« Fest.

- Ein Telegramm: »Wir haben es ganz eilig. Wir wollen heiraten — aber nur mit Euch. Richtet Euch schon darauf ein, am …« (Eine offizielle Einladung kann dann noch folgen).
- Kinderfotos oder Scherenschnitte des künftigen Paares machen sich hübsch als »Briefkopf« — auch auf gedruckten Einladungen.
- Eine Schallplatte mit dem berühmten Hochzeitsmarsch von Mendelssohn-Bartholdy ist sehr eindrucksvoll. Auf der weißen Innenhülle stehen rundum alle Angaben zum Fest.
- Ein Kochbuch bekommt einen neuen Einband und wird als Einladung verschickt. Aufschrift: »Wir kochen unser Süppchen jetzt gemeinsam …«.
- Zwei kleine Spielzeug-Täubchen als Hochzeitsboten: In einem Mini-Käfig oder Karton sitzend, tragen sie eine Banderole mit der Hochzeitsankündigung im Schnabel.
- Ihr Foto kann zum Puzzlespiel für geladene Gäste werden: einfach beim Fotohändler ein Dia oder Negativ vergrößern, kartonieren und stanzen lassen.

Eisig schön präsentieren sich die Rosen, die in einem Eisblock erstarrt sind. Köstlich kühl bleibt so dieser Champagner für den Rosen-Cocktail … *(Rezept S. 81)*

MEIN SPEZIELLES GEHEIMNIS

Ob Sie zu Hause ein großes festliches Essen planen oder in ein Restaurant dazu einladen: Ein Probeessen bewährt sich immer. Sei es zur Beruhigung, daß alles bestens schmeckt, sei es, daß man doch noch die Menufolge korrigieren oder manches besser arrangieren kann. Außerdem macht ein Probeessen neben dem Genuß auch Spaß und hebt die Vorfreude auf den schönen Anlaß.

Hochzeitstorte

Auf die Torten-Künste eines Konditors wird man sich bei einer Hochzeit zumeist verlassen, und das kann man auch.
Hier ein mehrstöckiges marzipanüberzogenes Kunstwerk. Statt Marzipan-Röschen, die sich als Verzierung für eine Hochzeitstorte immer gut machen, sind es diesmal echte (ungespritzte) Rosen. Als effektvolle Dekoration setzen sie sich auf dem Tisch fort. Soll die Hochzeitstorte jedoch ganz persönlich für die Brautleute »gebacken« sein, dann könnten sich Symbole ihrer Hobbies oder Berufe in der Verzierung wiederfinden.

Hummer-Gratin

Rezept für vier Personen:

2 lebende Hummer, 4 EL Butter, 100 g frische Sojabohnenkeimlinge (geputzt und gewaschen), 150 g Zuckerschoten (kurz blanchiert), 4 Artischockenherzen aus dem Glas oder der Dose (gut abgetropft).
Außerdem: 4 kleine Eisenpfännchen oder feuerfeste Förmchen, 1 EL Butter, $^{1}/_{4}$ l Hummersauce, 50 g Sesam

Die Hummer in siedendem Salzwasser 15 Minuten kochen. Dann in Eiswasser abschrecken, auslösen und das Hummerfleisch in kleine Stücke schneiden. Die Butter erhitzen und das Hummerfleisch und das Gemüse darin schwenken. Die Eisenpfännchen oder Förmchen leicht ausfetten. Das Hummer-Gemüse darin verteilen. Dann die Hummersauce erhitzen und darübergießen. Zuletzt mit Sesam bestreuen und unterm vorgeheizten Grill ca. 3 Minuten überbacken. Heiß servieren.

Rosen-Cocktail

Rezept für vier Personen:

150 g reife Erdbeeren (gewaschen, entstielt und halbiert), 1 reifer Pfirsich (entkernt, die Haut abgezogen und gewürfelt), 6–8 cl Maraschino, ca. 10 cl Orangen- oder Pfirsichsaft, Saft von ½ Zitrone, Sekt oder Champagner.
Außerdem: 4 Eiswürfel (jeweils 1 ungespritztes Rosenblatt mit eingefroren)

Die Früchte, bis auf den Sekt oder Champagner, mit den übrigen Zutaten im Mixer pürieren. Jeweils einen Rosen-Eiswürfel in vier Champagnergläser geben. Dann in jedes Glas ein Viertel vom Fruchtpüree füllen. Zuletzt mit eisgekühltem Sekt oder Champagner aufgießen.

Die Einladung

Zu einer Märchenhochzeit darf auch märchenhaft eingeladen werden (Foto links): Hier ist es ein aquarelliertes Dornröschen-Motiv auf handgeschöpftem Büttenpapier. Dazu paßt ein Duftherz aus roter Seide, das mit getrockneten Rosenblättern gefüllt ist und ein Rosenstrauß, der hier einmal ganz anders gebunden wurde: dicht an dicht nur die Blüten, erst dann umkränzt von den Blättern. Die Blüten sind vorher vom Floristen auf eine besondere Art veredelt worden. In einem speziellen Verfahren wurden sie so mit Salz behandelt, daß sie lange halten und einen zarten Perlmuttschimmer bekamen. So präparierte Rosenblüten sind auch eine zauberhafte Tischdekoration.

Die Hochzeitstafel

Dieser Traum in Weiß ist ganz einfach zu zaubern: Eingedeckt ist der Tisch mit bodenlangem Taftstoff. Rund um die Tischkante wird weißer Tüll festgesteckt. Fein umrahmt wird die festliche Tafel mit Schleifchen, in die echte Blüten mit Efeublättern eingebunden sind.

Übrigens:

Eine Tischordnung – oft mühsam ausgetüftelt – hat ja auch den Sinn, daß sich Ihre Gäste rundum wohlfühlen. Trotzdem sollte man nicht starr an ihr festhalten. Warum nicht etwa zum Dessert die Plätze wechseln? Und die Gastgeber, die sich nach und nach gern um alle kümmern möchten, könnten sich von vornherein an jedem Tisch einen Platz freihalten.

EXTRA REZEPTE

Hauptgerichte

Maismasthähnchen auf Baskische Art

Rezept für vier Personen:

2 bratfertige Maismasthähnchen (à ca. 1100 g), Salz, Pfeffer aus der Mühle, Mehl zum Bestäuben, 5 EL Olivenöl, 3 Paprikaschoten, 6 Tomaten, 3 Knoblauchzehen (durch die Presse gedrückt), ⅛ l Pflanzenöl, 2 Zwiebeln (in dünne Ringe geschnitten), 1 EL Tomatenmark, 1 Bund gemischte Kräuter (Thymian, Rosmarin, Petersilie, Kerbel), 100 g roher Schinken (in Streifen geschnitten), 1 Prise Zukker, 1 Prise Cayennepfeffer, 100 ml Geflügelbrühe, 1 Bund Petersilie

Die Hähnchen waschen, mit Küchenkrepp trockentupfen und in sechs Portionsstücke zerteilen. Salzen, pfeffern und mit Mehl bestäuben. 3 Eßlöffel Olivenöl in einem großen Topf erhitzen. Die Hähnchenteile darin rundum goldbraun anbraten. Anschließend bei geringer Hitze 10 Minuten schmoren lassen, dann herausnehmen. Die Paprikaschoten waschen, halbieren, entkernen und grob würfeln. Die Tomaten kurz in kochendes Wasser tauchen, häuten, halbieren, entkernen und grob würfeln. Den Knoblauch mit dem Pflanzenöl vermischen. Das restliche Olivenöl in den Topf geben und die Zwiebelringe darin goldbraun rösten. Dann die Paprikaschoten, die Tomaten, das Knoblauchöl, das Tomatenmark, die feingehackten Kräuter und den Schinken hinzufügen. Mit Zucker, Salz, Pfeffer und Cayennepfeffer würzen. Mit der Geflügelbrühe aufgießen und zugedeckt 15 Minuten schmoren lassen. Dann die Hähnchenteile hinzufügen und weitere 15 Minuten schmoren. Vor dem Servieren mit feingehackter Petersilie bestreuen. Dazu passen Rosmarin-Röstkartöffelchen.

Pot au feu mit Ochsenmarkklößchen

Rezept für zehn Personen:

2 kg Tafelspitz-Spitzen, 100 g Ochsenmark (mit Knochen), 1,3 kg Kalbshaxen (vom Metzger in fingerdicke Scheiben sägen lassen), 1 Kalbszunge (400 g), 2 Poularden (à 1200 g), Salz, Muskatnuß, 1 Zwiebel (geschält und halbiert), 3 Lorbeerblätter, ein paar Pfefferkörner, 4 Wacholderbeeren, 4 Knoblauchzehen (geschält), frischer oder getrockneter Thymian, 10 kleine Bund Suppengrün (geputzt und gebündelt), Pfeffer aus der Mühle, 4 Eier, 4 Eigelb, 500 g geriebenes Weißbrot, 1 Bund Petersilie (feingehackt), 2 Bund Schnittlauch

5 Liter Wasser in einem großen Topf zum Kochen bringen. Die Tafelspitz-Spitzen mit den Ochsenknochen (das Mark vorher auslösen und beiseite stellen) zugeben und ca. 2 Stunden köcheln lassen. Nach und nach die Kalbshaxenscheiben, die Zunge und die Poularden hinzufügen und weichgaren. Dann die Fleischstücke herausnehmen, entbeinen bzw. häuten, in Scheiben schneiden und warmstellen. Die Brühe passieren und mit Salz und Muskatnuß abschmecken. Die Zwiebel in einer beschichteten Pfanne goldbraun rösten. Dann mit den Lorbeerblättern, den Pfefferkörnern, den Wacholderbeeren, dem Knoblauch, dem Thymian und dem Suppengrün in die Brühe geben und erhitzen. Das Ochsenmark in einem Topf zerlassen, schaumig rühren und mit Salz, Pfeffer und Muskatnuß würzen. Nach und nach die Eier und die Eigelbe unterrühren. Dann mit dem geriebenen Weißbrot verkneten und mit der Petersilie abschmecken. Aus dem Teig kleine Knödel formen und in der köchelnden Brühe garziehen lassen. Das Fleisch mit den Ochsenmarkklößchen und dem Suppengrün anrichten. Brühe darübergießen und mit Schnittlauchröllchen bestreut servieren.

Perlhuhn mit Biersauce und Gemüsezwiebeln

Rezept für vier Personen:

2 Perlhühner (à 1200 g), Salz, Pfeffer aus der Mühle, 4 EL toskanisches Olivenöl, 8 kleine, neue Kartoffeln (geschält), 3 Scheiben Wammerl (gekochter Bauchspeck, in Streifen geschnitten), 2 Knoblauchzehen (geschält), 1 TL getrocknete Provencekräuter, 0,2 l dunkles Bier (Malzbier), 500 g kleine, junge Gemüsezwiebeln (Cipolli, geschält), 4 Hähnchenlebern, 1 Spritzer Rotweinessig, 1 Bund Petersilie (feingehackt)

Einen Römertopf 30 Minuten in Wasser einweichen. Die Perlhühner in je sechs Stücke zerteilen. Mit Salz und Pfeffer kräftig würzen und mit Olivenöl beträufeln. Zusammen mit den Kartoffeln, dem Wammerl und dem Knoblauch in den Römertopf schichten. Zuletzt mit den Provencekräutern bestreuen. Im auf 240° vorgeheizten Backofen ca. 25 Minuten garen. Dann das Bier zugießen und die Gemüsezwiebeln hinzufügen und 25 Minuten weitergaren. Anschließend die Biersauce in einen Topf abgießen. Die Hähnchenlebern waschen, die Sehnen entfernen, feinhacken und dazugeben. Alles gut verrühren und langsam aufkochen lassen. Dann mit Salz, Pfeffer und dem Essig abschmekken. Über die Perlhühner gießen. Mit Petersilie bestreut im Römertopf servieren.

Tip:
Statt mit Perlhühnern kann man dieses Gericht auch mit Rebhühnern oder Wildtauben zubereiten. Das Bier kann auch durch einen kräftigen Rotwein (z. B. Beaujolais) ersetzt werden.

Hähnchenbrust mit Wirsing und Schinken im Blätterteig

Rezept für vier Personen:

1 Packung tiefgefrorener Blätterteig in Scheiben (300 g), 4 schöne, große Hähnchenbrüste (ohne Fett, Haut und Sehnen), 4 fette, helle Lebern von körnergefütterten Legehennen, Salz, Pfeffer aus der Mühle, 4 große Wirsingblätter (die dicken Rippen entfernt und blanchiert), 4 hauchdünne Scheiben Katenrauchschinken, 1 Eigelb.
Außerdem: $\frac{1}{4}$ l konzentrierte Hühnerbrühe, 8 EL Crème double, 4 EL kalte Butter

Die Blätterteigscheiben antauen lassen. In die Hähnchenbrüste waagerecht eine Tasche einschneiden und mit je einer Fettleber füllen. Dann auf beiden Seiten mit Salz und Pfeffer würzen. Die Hähnchenbrüste zuerst in je ein Wirsingblatt und dann in je eine Scheibe Schinken wickeln. Die Blätterteigscheiben dünn ausrollen und die Hähnchenbrüste darin einschlagen. 30 Minuten ruhen lassen. Anschließend mit verquirltem Eigelb bestreichen. Im auf 220° vorgeheizten Backofen ca. 20 Minuten bakken. Inzwischen die Hühnerbrühe erhitzen und mit der Crème double binden. Zuletzt mit der Butter aufschlagen und abschmekken. Auf vier vorgewärmte Teller einen Saucenspiegel gießen. Die gebackenen Hähnchenbrüste einmal schräg durchschneiden und darauf anrichten. Sofort servieren.

Tip:
Es sieht besonders dekorativ aus, wenn man den Saucenspiegel noch mit langen Schnittlauchröllchen oder rosafarbenen Pfefferkörnern bestreut und erst dann die Hähnchenbrüste darauf anrichtet. Passende Gemüsebeilagen sind je nach Jahreszeit gefüllte Artischockenböden, grüner Spargel und Fächer von Zuckerschoten.

SERVIETTEN UND TISCHSCH

Natürlich sind ein stilvolles Geschirr und ein edles Besteck ein schon für sich wirkender Tischschmuck. Aber festlichen Glanz erhält ein gedeckter Tisch immer erst dann, wenn man ihn noch zusätzlich schmückt: mit besonders ausgewählten Blumen und Kerzen beispielsweise und auch mit schön gefalteten Servietten. Letztere, geradezu kunstvoll dargeboten, sind schon eine nette Aufmerksamkeit dem Gast gegenüber – man hat sozusagen »keine Mühe gescheut«, ihm ein kultiviertes Essensambiente zu bieten. Zu sehr festlichen Tafeln gehören solche Feinheiten auf jeden Fall. Lassen Sie sich inspirieren!

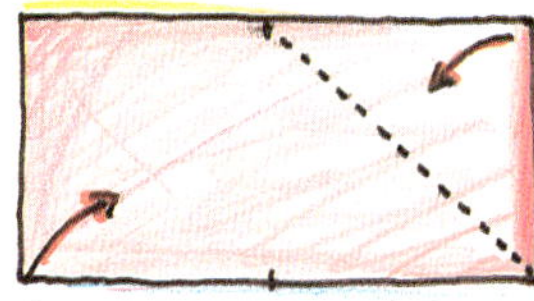
1

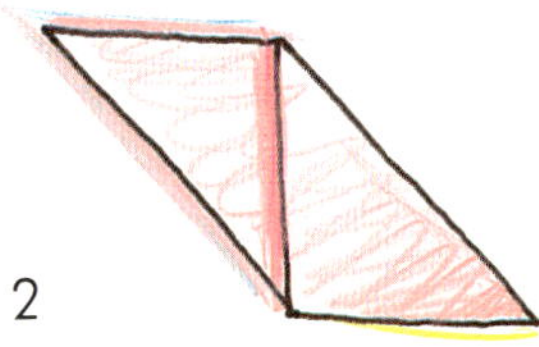
2

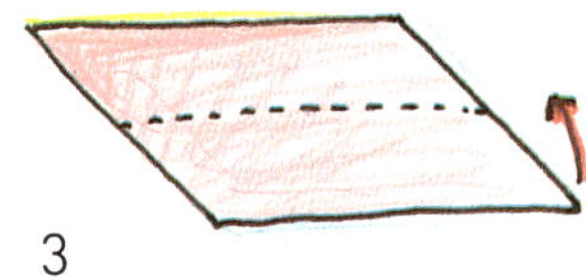
3

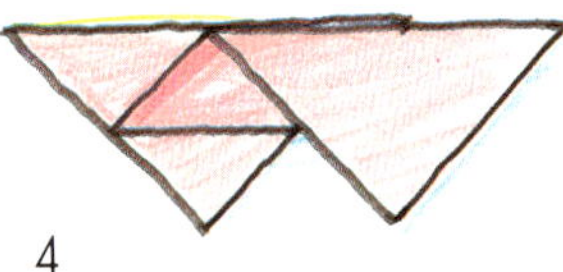
4

5

Bischofsmütze

Sieht komplizierter aus als es ist — versuchen Sie's ruhig:

1. Legen Sie die Serviette mit der linken Seite nach oben und falten Sie sie in der Mitte nach oben.
2. Falten Sie nun die linke untere Ecke zur Mitte nach oben und die rechte obere Ecke zur Mitte nach unten. Es entsteht eine Raute, die Sie nun umdrehen, so daß die Dreiecke nach unten liegen.
3. Falten Sie die Raute in der Mitte nach oben.
4. Ziehen Sie dabei die linke und die rechte Spitze heraus, so daß beide Spitzen nach unten überstehen.
5. Stecken Sie nun die Enden ineinander.

MUCK

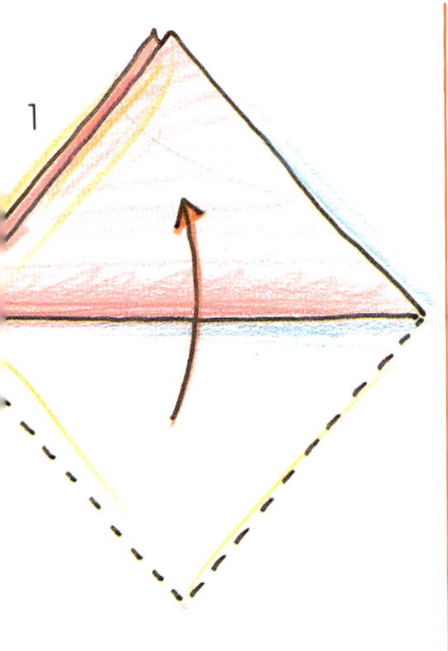
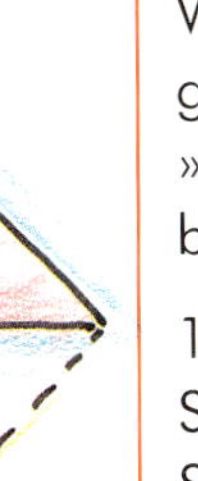

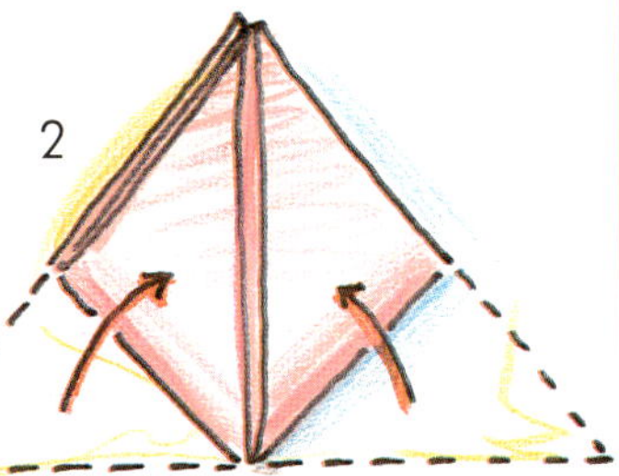

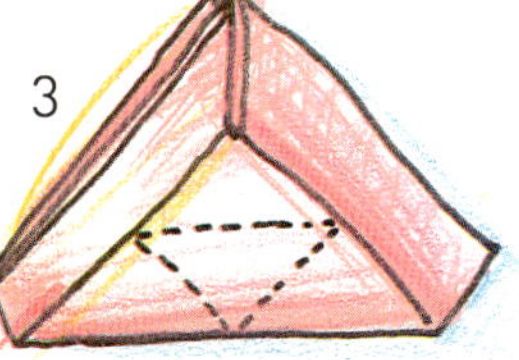

Lilie

Wenig Aufwand — große Wirkung! Die »Lilie« kommt bestimmt bei Ihren Gästen an:

1. Legen Sie die Serviette mit der linken Seite nach oben auf die Spitze, und klappen Sie die untere Spitze nach oben.
2. Falten Sie die beiden äußeren Spitzen nach oben.
3. Falten Sie die Spitze des unteren Teiles mindestens zu zwei Dritteln nach oben und die Spitze davon wieder nach unten.
4. Biegen Sie die äußeren Ecken nach hinten, und stecken Sie sie dort zusammen.
5. Ziehen Sie zum Schluß vorne die Spitzen links und rechts herunter, und stecken Sie sie in den Rand. Fertig!

Strauß

Möchten Sie mit ganz einfachen Mitteln farbliche Akzente setzen, dann ist der »Strauß« genau richtig: Wählen Sie dazu zur Tischdekoration passende Papierservietten aus, Ton in Ton oder weiß und farbig. Legen Sie zwei oder drei Papierservietten mit den Ecken versetzt übereinander. Nehmen Sie sie in der Mitte mit zwei Fingern hoch und zupfen Sie sie etwas in Form. Stecken Sie diesen Strauß in ein hübsches hohes Kelchglas — fertig! Sie können auch eine einfache ungestärkte Stoffserviette nehmen, die Ecken fallen dann wie Blätter nach außen.

Serviettenringe

Sie geben einer Tafel ebenfalls eine besondere persönliche Note. Ob Sie nun vergoldete oder welche aus Silber, Porzellan oder Stoff, z. B. Brokat, bevorzugen, kommt ganz auf Ihre persönlichen Vorlieben an. Besonders edel sieht es allerdings aus, wenn die Serviettenringe das gleiche Design wie das Besteck haben. Es gibt auch Serviettenringe passend zum Service.

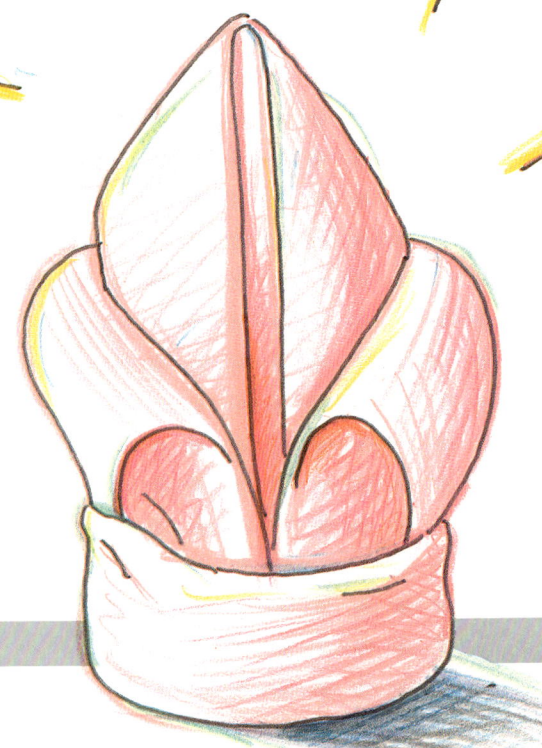

SERVIETTEN, TISCHSCHMUCK

Blumenschmuck

Blumen in unglaublicher Auswahl gibt es heute ja schon das ganze Jahr über — aber es wirkt einfach schöner, wenn die jeweiligen Blumen der Jahreszeit die Tafel schmücken:
Im Frühjahr Tulpen und Narzissen, die sehr gut mit frisch austreibenden Zweigen kombiniert werden können. Und wirkungsvoll ist es auch, wenn typische Sommerblumen, Rosen, Azaleen oder Sonnenblumen, mit vielen verschiedenen Gräsern dekoriert werden. Im Herbst lassen sich Astern und Rosen hervorragend mit Früchten- und Beerenzweigen kombinieren. Und im Winter bringen Tannen- und Buchsbaumzweige frisches Grün auf den Tisch.

Vasen

- Vasen aus Glas, Porzellan und Silber sind genau das Richtige für festliche Tafeln: Rosen, Lilien und Orchideen eignen sich dafür besonders gut.
- Keramikgefäße dagegen wirken rustikal: Mit kräftigen bunten Blumen passen sie stimmungsvoll zu einem Sommermenu. Gladiolen, Sonnenblumen und Pfingstrosen sehen darin prächtig aus.
- Gefäße aus Kupfer, Messing und Zinn wirken als Tischschmuck meistens zu kühl.

Rosenpokale

Das sind schöne große Stielgläser, die halb mit Wasser gefüllt werden, worauf Blütenköpfe schwimmen. Wie der Name schon sagt — so kommen Rosen besonders gut zur Geltung. Natürlich wirken darin auch andere Blüten — ob die von Orchideen oder von vielen Gänseblümchen.

Tips zum Blumenstecken:

Mit ein wenig Geschick und ein paar Hilfsmitteln können Sie Blumengestecke selbst machen, auch ohne die Kunst des Ikebana vollendet zu beherrschen. Als Steckhilfe unentbehrlich ist ein zusammengedrehter Maschendraht oder ein Kunststeckschwamm, »Oasis« genannt. Beides gibt's im Blumengeschäft. Da die Steckhilfen natürlich unsichtbar bleiben sollen, besorgen Sie sich zusätzlich auch Blätter oder Moos zum Abdecken. Der Kunststeckschwamm muß vorher in Wasser eingeweicht werden. Er läßt sich beliebig schneiden und paßt daher in jedes Gefäß, ob klein oder groß. Nun können Sie die Blütenstiele stecken. Überlegen Sie vorher, wie groß das Gesteck werden darf. Es sollte als Eßtischdekoration nicht höher als 30 Zentimeter werden.

Und so wird's gemacht:

Beginnen Sie in der Mitte und stecken Sie drumherum die Blüten immer gruppenweise und in verschiedenen Höhen gestaffelt — dann wirkt das Gesteck nicht steif. Stecken Sie nun die untersten Blüten wiederum als Gruppe ein. Schließen Sie dann gleichmäßig die Lücken mit Grünzweigen oder Ziergräsern. Das gibt dem Ganzen noch Fülle.

Steckschalen

Es müssen nicht immer Blumen darin stecken: Ob zum Kindergeburtstag bunte Lutscher und Strohhalme, zur Gartenparty glitzernde Windräder, zu Weihnachten Wunderkerzen mit leuchtenden Steckkugeln — der Phantasie sind keine Grenzen gesetzt.

Anderer Tischschmuck:

Mit der Wahl der Kerzenständer können Sie den Stil Ihres Essens unterstreichen: Suchen Sie hölzerne Kerzenständer aus, wird die urige Brotzeit einfach noch gemütlicher und mit den hohen schlichten Kerzenständern aus Silber die feine Tafel noch festlicher.
Tip: Stellen Sie doch einmal eine Girandole — einen mehrarmigen Leuchter — auf einen Spiegel — das erhöht die Wirkung!

Figuren

Silber oder Porzellanfiguren — damit können Sie Ihre Tafel zusätzlich »gestalten«. Aber bitte nur, wenn Sie wirklich reichlich Platz haben. Sonst wirkt ein gedeckter Tisch leicht überladen! Wenn Sie weniger Platz haben, stellen Sie vielleicht einfach nur jeweils ans Tafelende eine kleinere Figur. Besonders fürsorglich und für ein Frühstück mit Ei auch besonders angenehm ist es, wenn Sie für jedes oder für jedes zweite Gedeck eigene Salzstreuer aus Silber oder Glas aufstellen!

Porzellanblumen

Sie passen sehr gut zu Kaffee- oder Tee-einladungen: entweder ganze Blumenarrangements (für den großen Tisch) oder kleine aus Porzellan nachgebildete Körbchen mit weißen oder bunten Blumen. Achten Sie aber darauf, daß die Porzellanblumen mit dem Geschirr harmonieren.

Messerbänkchen

Sie haben zwar etwas Antiquiertes, sind aber trotzdem oder gerade deshalb ein besonderer Blickfang. Lange Zeit waren sie fast ganz von festlichen Tafeln verbannt. Doch in jüngster Zeit sind die kleinen Gestelle aus Metall oder Porzellan, auf die Messer gelegt werden, wieder richtig in Mode gekommen. Originell sind sie auf jeden Fall!

Sommernachts-

Romantisch bedacht wird Ihr Sommerfest in freier Natur zum ungetrübten Vergnügen

Traum

Ein immer wiederkehrendes Phänomen – jeder kennt es aus eigenem Erleben: Geht bei einem Fest etwas schief, so ist trotzdem oder gerade deshalb die Erinnerung daran nochmal so schön. (Dies auch gleich als Trost, wenn etwas mal nicht so klappt.) »Weißt Du noch – als damals ...?« fragt man dann und lacht herzlich über das Malheur – auch wenn's zu Zeiten gar nicht so witzig war.

Ich bekam zum Beispiel fast einen Herzinfarkt, als ein Koch für ein Zeltfest mit zweihundert Personen die Kisten mit Bärenkrebsen aus Singapur vergaß, und wir uns statt dessen für irgendeine Zauberei mit eilig herbeigeschafften einfachen Krabben schier überschlagen mußten. »Weißt Du noch – die Krebsgeschichte?« fragt mich der Gastgeber noch heute, und wir amüsieren uns königlich darüber.

Was aber soll man von jemandem halten, der ein Mißgeschick ganz gezielt plant?

Ein Gastgeber wollte sich von mir eine Gartenparty ausrichten lassen – letztendlich war's ihm aber zu teuer, und er sagte ab. Nicht aber seinen Gästen! Dreist behauptete er, ich habe ihn im Stich gelassen, doch – welch ein Glück! – die Eisschränke seien durch Wochenendeinkäufe gefüllt. So schmierten sich die Gäste ihre Brote selbst, richteten Salat an und rückten die Liegestühle im Garten zurecht. Es geht doch nichts über die Kunst des Improvisierens ...

Nicht nur ein Augenschmaus: Gekochte Hummer auf Eis gebettet

Meine Ideen

Wie angenehm für Gastgeber und Gäste, bei einem Fest im Freien nicht auf die Gnade des Wettergottes angewiesen zu sein! In der Einladung steht dann auch: »Wir haben auf jeden Fall ein Dach über dem Kopf!« Dieses Versprechen und die Schönheiten der Natur lassen sich — Sie ahnen es! — nur mit einem Zelt in Einklang bringen. Einen Zeltpavillon oder ein Festzelt beliebiger Größe können Sie über einen Party-Service (mit kompletter Ausstattung und jedweder Dekoration) bestellen. Die relativ hohen Leihgebühren werden vielleicht durch einen ganz besonderen Anlaß gerechtfertigt. Oder Sie legen einfach mit Freunden alle »Gastgeberverpflichtungen« und auch die Kosten zusammen, um einmal von Herzen so richtig groß zu feiern. Schließlich muß bei einem Zeltfest die Gästezahl nicht ausgetüftelt werden. Wenn's ein bißchen eng wird — hier macht's nichts. Und Sie haben das Ganze außer Haus, das schont sozusagen den Privatbereich, einschließlich der vielleicht gerade nagelneuen Teppichböden.

Das Schönste aber ist die einmalige Atmosphäre, die man naturgegeben ums Zelt genießt.

Hier bei meinem Zeltfest im Park habe ich die Natur nicht nur vor dem Zelt belassen, sondern sie auch noch mit hineingenommen: mit Blüten, Grün und aller Romantik (sogar auf den Gedecken!). Und besonders feine Gaben der Natur werden als Speisen dargeboten: Loup de mer (Rezept S. 96) und Hummer »satt«. Zusammen mit einer passenden Dekoration ist sicher auch ein üppiges Krebsessen ein Hochgenuß. Die Tische sind mit rotem Stoff belegt, während an den Seiten bodenlanger weißer Stoff kontrastiert. Dazu wählt man am besten weißes Geschirr und ein Besteck mit roten Griffen. An den Zeltwänden sind Netze gespannt, in denen sich künstliche Krebse tummeln. Fischereizubehör, wie Seile, Angeln oder Kescher, paßt gut — oder sogar ein alter Kahn, der den »Fang« beherbergt. Auch den Zeltmast kann man zum Schiffsmast mit Ausguck dekorieren, oder man läßt ihn beim Aufbau gleich in ein großes Faß stellen, in dem dann Seerosen schwimmen werden.

Möchten Sie's lieber tropisch unter freiem (Zelt-)Himmel? Dann können Sie ganz farbenfreudig in Orange-Rot-Gelb dekorieren und den Mast in eine Palme verwandeln: Der untere Teil wird mit Rupfen umwickelt, weiter oben befestigt man Palmenwedel. Rundherum wird eine Bar aufgebaut, an der es tropische Cocktails gibt. Pikante Speisen passen hier gut: Gegrillte Mini-Koteletts (vom Lamm, Kalb oder Spanferkel) — »griffbereit« am Knochenende mit einer kleinen weißen Manschette versehen. Dazu reicht man scharfe Saucen.

Oder Sie zaubern in Ihr Zelt die Atmosphäre einer Galerie: Alles wird edel in Weiß gehalten — von drapierten Lackfolienbahnen an der Decke über elegante Stehtische bis hin zu Gemälderahmen. Präsentiert werden auf dieser Vernissage: leckere Speisen! Das kann Lachs sein, mit Dill und Zitrone malerisch ins Bild gerückt, oder ein Hackbraten, bunt mit Salat, Tomaten und Eiern in einem rustikalen Rahmen dargeboten. Bestimmt zeigt sich auch mit feingestrichenem Tatar und Wachtelspiegeleiern auf einer umrahmten Glasplatte Ihre künstlerische Freiheit. Apropos: Für deren Entfaltung eignet sich ein Zeltfest und seine Ausschmückung ganz besonders, sie kommt vielleicht sogar da erst zum Ausbruch — lassen Sie es darauf ankommen …

Ideal zu herzhaft Gegrilltem und knackigen Sommergemüsen: erfrischendes Weißbier

Eine besondere Delikatesse: ausgelöster Hummer mit Trüffelscheiben und frischen Kräutern

Meine Tips

Zusatzausstattung gehört zu einem Zeltfest mit allem Drum und Dran natürlich auch. Hier einige Vorschläge, die sich bewährt haben:

- Ein großer Sonnenschirm, zusammen mit einem festlich dekorierten Tischchen am Eingang des Grundstücks aufgestellt, ist als »Empfangsstation« für die eintreffenden Gäste gedacht. Hier gibt's den Begrüßungscocktail, hier liegt — falls vorgesehen — das Gästebuch auf und vielleicht auch eine Placement-Tafel (auf einer Staffelei) zur Orientierung, wo die Gäste im Zelt sitzen werden. Von hier aus werden die Gäste zum Ort des Geschehens geleitet.
- Für ein hübsches Entrée können sie am Zelteingang einen zusätzlichen Baldachin anbringen lassen, der von kugelförmig geschnittenen Lorbeerbäumchen flankiert wird oder von Blumenrabatten in aufgeschütteter Erde.
- Eine Garderobenablage sollte für alle Fälle eingeplant sein (im Zelt durch eine Trennwand oder einen Paravent verdeckt). Eine einfache aufstellbare Kleiderstange, reichlich mit Bügeln bestückt, genügt meistens schon und dazu ein Garderobenstandspiegel (oder ersatzweise eine mit Spiegelfolie beklebte Holzplatte).
- Probleme mit dem stillen Örtchen und einer Gelegenheit zum Händewaschen darf es natürlich keinesfalls geben. Ist's nicht möglich, auf ein angrenzendes Haus zu verweisen (mit dezent angebrachten Hinweistafeln, damit niemand fragen muß), dann kann über Fachfirmen oder Partydienste ein fix und fertig eingerichteter Container, quasi ein WC-Fertighäuschen, geliefert und etwas abseits aufgestellt werden.
- Da es kühl werden kann, sollten Heizstrahler vorsichtshalber vorhanden sein. Bei einer Firma für Bauzubehör und Bautrocknung sind sie ohne weiteres günstig auszuleihen. Sie können das Zelt aber auch von vornherein mit rundumlaufenden Heizungsschläuchen ausstatten lassen, die unauffällig hinter Lüftungsgittern montiert werden.
- Auch wenn Sie sich ein Zelt mit Boden (üblicherweise mit Holzbrettern) aufstellen lassen — legen Sie noch einfache Teppiche, Kunstrasen, Sisal- oder Ripsläufer aus. (Sie können den gewünschten Bodenbelag auch gleich mitbestellen.) So ist's optisch schöner, und von unten her wird's nicht kalt.
- Dauert ein Fest bis spät in die Nacht, gilt es, den Gästen sicher »heimzuleuchten« — zumindest bis zum Gartenzaun. In Abständen in den Boden gesteckte Fackeln sind besonders stilvoll, aber auch viele Rechaud-Kerzen geben genügend Licht. Vielleicht ist es auch möglich, Lichterketten über dem Weg aufzuhängen.

Ein Empfangscocktail — leicht und frisch: Eine Flasche Sekt besonderer Güte — oder Champagner — wird mit einem Fläschchen Apollinaris, Eis und Zitronenschale in ein Bowlengefäß gefüllt

M.CHANDON
M.CHANDON

Traumhafter Pavillon

Auch so läßt sich ein gewöhnliches kleines Rundzelt mit Mittelmast herrichten: Die vorderen Zeltwände sind zurückgezogen, die Rückwand ist als indirekt beleuchtete Kulisse mit schimmernden Bahnen aus Lackfolie verhängt. Schabracken und Vorhänge aus Deko-Taft wirken sehr elegant, ebenso die damit und auf besondere Art eingekleideten Tische (s. S. 68/69). Diesen Pavillon kann man ohne oder mit individueller Dekoration ausleihen (im Durchmesser von 6, 10, 12, 15, 20 und 25 Metern). Es gibt auch ovale oder achteckige Zelt-Pavillons (als Konstruktion ohne Mast) und rechteckige Zelthallen (von ca. 80 bis 5000 Quadratmetern). Auch eine andere Art der Ausstattung ist möglich: zum Beispiel mit Sprossenfenstern bis zum Boden (die romantisch den Blick nach draußen freigeben) oder überhaupt in rustikalerer Version mit Holzbalken und -schabracken. Sie können übrigens auch einen Zeltanbau an Ihr Haus »ankuppeln« lassen, so daß die Terrasse zu einem zusätzlichen Raum wird.

MEIN SPEZIELLES GEHEIMNIS

Gäste möchten gar nicht unbedingt nur verwöhnt werden, sondern manchmal liebend gern helfen — sie sollten es dürfen! Vielleicht finden Sie sogar bestimmte Neigungen heraus. Ein Gast, von Beruf Mediziner, wird zum Beispiel vielleicht ganz gern zum »Chirurgen«, wenn es gilt, Wachtelbrüstchen auszulösen oder ein Stück vom Ochsen zu zerlegen — ihm macht es sicher Spaß, und Ihnen wird Arbeit abgenommen ...

Loup de mer mit Fenchelsauce

Rezept für vier Personen:

1 küchenfertiger Loup de mer (ca. 1,5 kg schwer), Meersalz, weißer Pfeffer aus der Mühle, je 70 g Karotte, Lauch und Fenchel (geputzt und in feine Streifen geschnitten), je ½ Bund Basilikum und Dill, 2 EL Butter, 1 cl Pernod, 1 Stange Lauch zum Binden, extrastarke Alufolie.
Für die Fenchelsauce: 100 g Fenchel und 1 Schalotte (beides ganz fein gewürfelt), je 5 cl Noilly Prat und trockener Weißwein, 100 ml süße Sahne, 50 g kalte Butter, Salz, Pfeffer

Den Loup de mer mit Salz und Pfeffer würzen. Das Gemüse und die gezupften Kräuter in der erhitzten Butter kurz andünsten. Mit dem Pernod ablöschen und die Flüssigkeit verdampfen lassen. Dann den Loup de mer damit füllen und mit dem blanchierten, in Streifen geschnittenen Lauch binden.

Zauberhafte Dekoration

Ein großes Stück Alufolie mit Butter bestreichen und den Fisch darin einschlagen, dabei die Ränder fest zusammenfalten. Im auf 220° vorgeheizten Backofen ca. 40 Minuten garen. Für die Sauce den Fenchel und die Schalotte in etwas Butter andünsten. Mit Noilly Prat und Weißwein ablöschen und etwas einkochen lassen. Dann die Sahne zugießen und das Gemüse weichkocheln lassen. Zuletzt die Butter in Stückchen unterrühren und die Sauce mit Salz und Pfeffer abschmecken. Den Loup de mer in der Folie servieren und erst am Tisch filieren. Dazu die Fenchelsauce reichen.

Der Phantasie sind keine Grenzen gesetzt, wenn ein Zelt auszuschmücken ist. Hier ist es eine elegante, romantische Version. Der Zeltmast wurde als Blumenbaum dekoriert: In feine Taftschleifen sind über und über Blüten eingebunden. Der »Sternenhimmel« ist ein raffinierter, aber im Grunde einfach zu erreichender Effekt: Unter Lichterketten, die an der Decke aufgehängt sind, werden leicht geraffte Taftbahnen dicht nebeneinander vom Mast zu den Seitenwänden des Zeltes gespannt und dort befestigt. Diese Technik ist bei anderen Deckenverschönerungen (z.B. mit Lackfolienstreifen oder Papiergirlanden) natürlich auch anzuwenden. Und toll sieht's auch aus, wenn unzählige (gasgefüllte) Luftballons an der Decke schweben — vielleicht als »bayerischer Wolkenhimmel« in den Farben Weiß und Blau oder »höllisch-schön« in Rot und Schwarz.

Übrigens:

Dekorationsideen sollten in höchstens drei Farbtönen umgesetzt werden. (Eine Ausnahme: Fasching oder ähnlich »Buntes«). Ansonsten dekoriert man beispielsweise Rosétöne nur zusammen mit Lila und Weiß oder auch Gelb und Weiß passend zum grünen (Rasen-) Teppich. Aber auch eine einzige Farbe in drei verschiedenen Abstufungen wirkt besonders fein — ausgesucht ganz nach Geschmack und Anlaß!

EXTRA REZEPTE

Obstkuchen

Grundrezept Mürbeteig

Ergibt ca. 550 Gramm Teig:

250 g Mehl, 150 g Zukker, 150 g Butter, 1 Eigelb

Das Mehl mit dem Zucker vermischen. Die kalte Butter in Stückchen und das Ei hinzufügen. Alles mit einem großen Messer so lange durchhacken, bis die Masse feinkrümelig ist. Dann mit den Händen rasch zu einem glatten Teig zusammenfügen. Im Kühlschrank 1 Stunde ruhen lassen.

Teigreste kann man ohne weiteres einfrieren. In Folie verpackt bleiben sie so bis zu einem halben Jahr verwendbar.

Apfeldatschi

Zutaten für ein kleines Backblech:

300 g Mürbeteig, ½ l Milch, 80 g Zucker, 1 Vanilleschote (aufgeschlitzt), 40 g Speisestärke, 2 Eigelb.

Zum Belegen: 4—5 große Äpfel (möglichst Granny Smith), 250 ml trockener Weißwein.

Außerdem: 60 g Korinthen, 30 g Pistazien (feingehackt), 1 Päckchen klarer Tortenguß

Ein leicht gefettetes Backblech mit dem Mürbeteig auslegen. Im auf 200° vorgeheizten Backofen 8 bis 10 Minuten backen. Abkühlen lassen. Die Milch mit dem Zucker und der Vanilleschote zum Kochen bringen. Die Speisestärke mit den Eigelben und 2 Eßlöffeln Wasser glattrühren. Unter ständigem Rühren in die Milch gießen. Weiterrühren, bis der Pudding cremig wird. Die Masse auf dem erkalteten Mürbeteigboden verstreichen. Die Äpfel schälen, vierteln und entkernen. Dann in Spalten schneiden. Im erhitzten Weißwein kurz blanchieren. Anschließend den Mürbeteigboden dachziegelartig damit belegen. Mit den Korinthen und den Pistazien bestreuen. Zuletzt den Tortenguß nach Vorschrift mit dem Weißwein anrühren und gleichmäßig auf dem Apfeldatschi verteilen. Mit Vanille- oder Zimtsahne servieren.

Tip:

Der Datschi ist ein typisch bayerischer, sehr saftiger Obstkuchen. Mürbe- oder Hefeteig, manchmal auch ein Mischteig aus beiden, werden dick mit Apfelspalten oder halbierten Zwetschgen belegt. Traditionell bäckt man Datschis auf Schwarzblechen. Obligatorisch dazu: Schlagsahne.

Brombeer-Sauerrahm-Kuchen

Zutaten für eine Springform mit 20 Zentimetern Durchmesser:

250 g Mürbeteig, 1 dünner Bisquitboden (fertiggekauft, Durchmesser 20 cm), 750 g Brombeeren (verlesen, kurz überbraust und gut abgetropft).

Für den Guß: 500 g Sauerrahm, 100 g feiner Zucker, 30 g Speisestärke, 3 Eier, Saft und Schale (fein abgerieben) von 1 unbehandelten Zitrone.

Außerdem: Aprikosenkonfitüre, 100 g Mandelblättchen (geröstet)

Einen Springformboden mit dem Mürbeteig auslegen. Dünn mit Aprikosenmarmelade bestreichen und den Bisquitboden darauflegen. Mit den Brombeeren bedecken. Für den Guß den Sauerrahm mit den übrigen Zutaten verrühren. Gleichmäßig auf den Brombeeren verteilen. Im auf 200° vorgeheizten Backofen ca. 45 Minuten backen. Nach dem Abkühlen aprikotieren und den Rand mit den Mandelblättchen bestreuen.

Rhabarberkuchen »Großmutters Art«

Zutaten für eine Springform mit 20 Zentimetern Durchmesser:

250 g Mürbeteig, 500 g Rhabarber (geschält und in 3 cm lange Stücke geschnitten), 120 g Butter, 120 g Zucker, 2 Eier, 50 g Crème fraîche, 50 g Speisestärke, Schale von ½ unbehandelten Zitrone (fein abgerieben).
Außerdem: Puderzucker zum Bestreuen

Eine Springform mit dem Mürbeteig auslegen, dabei einen zwei bis drei Zentimeter hohen, nicht zu dünnen Rand formen. Die Rhabarberstücke gleichmäßig darauf verteilen. Butter und Zucker schaumig rühren. Die Eier nach und nach dazugeben. Die Crème fraîche aufschlagen und unterrühren. Zuletzt die Speisestärke und die Zitronenschale untermischen. Auf dem Rhabarber verteilen. Im auf 200° vorgeheizten Backofen 40 Minuten backen. Abkühlen lassen und mit Puderzucker bestäuben.

Kirschstrudel

Zutaten für zehn bis zwölf Portionen:

Für den Strudelteig:
150 g Mehl, 1 Eigelb, 2 EL Öl, 1 Prise Salz, 80—100 ml Wasser.
Zum Füllen: 2 kg Kirschen (gewaschen, entstielt und entsteint), 175 g Semmelbrösel, 100 g Butter, Mehl zum Ausziehen des Teiges, 75 g zerlassene Butter zum Bestreichen, 150 g feiner Zucker (mit ½ TL gemahlenem Zimt vermischt), 200 g Mandelblättchen.
Außerdem: 50 g Butter für die Form, 200 ml süße Sahne, 2 Eier, 50 g Zucker

Das Mehl mit den übrigen Zutaten zu einem glatten, elastischen Teig verarbeiten. Zugedeckt mindestens 30 Minuten ruhen lassen. Inzwischen die Semmelbrösel in der Butter hellbraun rösten, abkühlen lassen. Den Strudelteig auf einem bemehlten Tuch hauchdünn ausziehen. Mit der flüssigen Butter bepinseln und mit den gerösteten Semmelbröseln gleichmäßig bestreuen, dabei einen Rand freilassen. Die Kirschen darauf verteilen und den Zimtzucker und die Mandeln darüberstreuen. Dann den Strudel durch Anheben des Tuches aufrollen. Eine Bratenpfanne mit Butter ausstreichen und den Strudel hineinlegen. Die Sahne mit den Eiern und dem Zucker verrühren. Über den Strudel gießen. Im auf 200° vorgeheizten Backofen ca. 30 Minuten backen. Anschließend sofort mit zerlassener Butter bestreichen und mit Zimtzucker bestreuen.

Tip:
Besonders fein wird der Kirschstrudel, wenn man ihn mit Eiermilch (aus ½ l Milch, 5 Eiern, Zitronenschale, 1 Päckchen Vanillezucker und 1 Prise Salz) überbäckt. Den Strudel nach der Hälfte der Garzeit mit einer Gabel mehrmals einstechen und die Eiermilch darübergießen, dann fertigbacken.

Orangen-Butter-Kuchen

Zutaten für ein kleines Backblech:

200 g Mehl, knapp ½ Päckchen Dauerbackhefe, 1 Ei, 100 ml Milch, 15 g Puderzucker.
Außerdem: 6 Orangen, 150 g Butter, 150 g Vanillecremepulver, 100 g Mandelblättchen und 50 g Zucker zum Bestreuen

Das Mehl mit der Hefe vermischen und mit den übrigen Zutaten zu einem Teig verarbeiten. Zugedeckt gehen lassen. Inzwischen die Orangen schälen, dabei auch die weiße Haut sorgfältig entfernen und die Filets aus den Trennhäuten schneiden. Die Butter mit dem Vanillecremepulver schaumig rühren. Den Teig in Backblechgröße ausrollen und darauflegen. Die Orangenfilets darauf verteilen. Dann die Buttermasse in Flöckchen darübergeben. Zuletzt die gehobelten Mandeln und den Zucker darüberstreuen. Im auf 200° vorgeheizten Backofen 20 bis 30 Minuten backen.

MENUKARTEN, TISCHORDN

Ob Tischkarte oder Speisezettel, veraltet »Küchenzettel« oder französisch »Menu« – das Speisenverzeichnis ist, zumindest im privaten Bereich und für den täglichen Gebrauch, eher die Ausnahme. Dabei könnte es gerade zu Hause eine originelle Abwechslung sein, die wirklich persönliche Note für ein besonderes Mahl. Ganz zu schweigen von den handfesten Vorzügen, die solch eine Karte für die Gäste bietet: Denn jeder kann sich so auf die kommenden Gaumenfreuden einstellen, weiß sich daraufhin seinen Appetit bestens einzuteilen, und er muß auch bei ausgefallenen Speisen nicht umständlich nachfragen. Außerdem erhöht die Vorfreude den Genuß, erst recht dann, wenn der Wegweiser durch das Menu besonders liebevoll formuliert und phantasiereich gestaltet ist.

Handgeschrieben auf feinem Papier

Für größere Essen und offizielle Anlässe werden Menukarten natürlich gedruckt. Wer aber im privaten Rahmen sein Festessen schriftlich festhalten möchte, der schreibt sie wohl selbst. Da meist alle Gäste die Karte als Erinnerung mitnehmen möchten, ist man gut beraten, wenn für jedes Paar eine Karte vorhanden ist.

Schreiben Sie Karten, die Sie aufstellen möchten, dann sollten diese nicht größer sein als 12 mal 18 Zentimeter — sonst stören sie bei Tisch. Werden die Karten gelegt, können sie auch größer sein — etwa wie ein gefaltetes Briefpapier.

Streng nach Vorschrift bestehen Menukarten aus einem festen und wirkungsvollen Umschlag und einem Einlegeblatt. Der Umschlag kann aus Elefanten-, Bütten- oder Pergamentpapier sein; zur Verzierung paßt vielleicht ein Foto oder ein stimmungsvolles Stilleben auf die Vorderseite. Das Einlegeblatt wird einfach oder doppelt gefaltet, entweder eingeklebt oder mit einer Kordel fixiert.

Legen Sie nur eine Karte oder ein Blatt ein, dann schreiben Sie die Gerichte untereinander, entsprechend der Speisenfolge. Darunter werden die angebotenen Getränke aufgelistet. Allein aus Platzgründen wird diese Form nur für einfachere Menus gewählt werden.

Bei gefalteten Einlegeblättern stehen auf der linken Seite die Getränke und auf der rechten Seite die Speisen. Werden zu den einzelnen Gängen verschiedene Weine serviert, soll das auch aus der Speisenkarte

ersichtlich sein: Die Getränke stehen dann auf gleicher Höhe mit den korrespondierenden Speisen.
Am Ende vermerkt man noch Ort und Datum des Festessens.

Menukarten einmal ganz anders

Wie beschrieben, ist's zumindest offiziell richtig. Aber wer sagt, daß Sie zu Hause nicht Ihrer Phantasie freien Lauf lassen können? Schreiben Sie das Menu doch direkt auf edles Papier und machen Sie aus der Menukarte einfach eine Menurolle! Es gibt noch andere Ideen — auch ganz ausgefallene:

- Laden Sie Tennisspieler ein? Dann schreiben Sie doch die Speisenfolge auf ein Blatt, das Sie im Rahmen eines Tennisschlägers befestigen.
- Bergsteigern gefällt vielleicht der Anblick von Felsgestein (in Minigröße) auf dem Tisch, mit »angeseilter« Menukarte — oder sogar gleich ein richtiger (Mini-)Pickel.
- Reiseliebhaber bekommen einen kulinarischen »Eß- und Trinkfahrplan« präsentiert.
- Weinkenner bemerken den guten Tropfen sicherlich auch dann, wenn die Flasche mit der Menukarte neu etikettiert wurde.
- Bei einem Arzt als Gastgeber bietet sich passenderweise der Rezeptblock an: Darauf kann er seinen Gästen die Menufolge »verordnen«.
- Als gleichzeitiges Andenken an ein Fest kann die Menukarte auch gedacht sein: Wenn beispielsweise eine schöne Fliese (mit Fettstift) beschrieben wurde, die zum Mitnehmen bestimmt ist.
- Und noch ein Vorschlag: Sie legen die Menukarte direkt auf den Platzteller: So erscheint nach jedem Gang automatisch die Menufolge.

MENUKARTEN, TISCHORDNUNG

Tips:

- Verwenden Sie immer nur eine Sprache, also nur deutsche oder nur französische Bezeichnungen.
- Die Karte soll ausführlich und präzise sein. Verwenden Sie daher nicht allgemeine Begriffe wie »Rindfleisch«, sondern schreiben Sie »Rinderfilet in Blätterteig«.
- Geben Sie ruhig persönliche Essensspezialitäten auch als solche zu erkennen: »Lammkeulen nach Art des Hausherrn« oder »Paulas Rote Grütze«.
- Bei Weinen werden angeführt: Name, Herkunft, Rebsorte, Jahrgang und Erzeuger.

Tischkärtchen: mehr als nur Zierde

Sie sind Orientierungshilfe und Dekoration zugleich. Ganz abgesehen davon sind sie — in origineller Form — eine bemerkenswerte Aufmerksamkeit. Es ist besonders schön, wenn sie zur Menukarte passen. Also: gleiches Papier und gleiche Schrift verwenden. Sie sollten nicht größer als eine Visitenkarte sein. Sie können's auch spannend machen. Jeder Gast muß seinen Platz erst einmal erraten: Dazu haben Sie vielleicht für den Fußballfan ein Tischkärtchen mit »Diego Maradonna« vorbereitet, aus der Nummer Sieben im heimischen Tennisclub wird »Steffi Graf«, und

aus dem Liebhaber klassischer Musik, der zu Hause immer vor seinem Plattenspieler dirigiert, »Leonard Bernstein«. Tischkärtchen müssen also nicht unbedingt den Namen des Gastes tragen. So können Sie Ihre Gäste auch über Symbole plazieren: An einem Gedeck gibt's dann einen Golfball für den begeisterten Golfer, daneben liegt ein kleiner Block mit Bleistift für die Journalistin bereit. Und der Hobbyfotograf findet bestimmt seinen Platz, an dem ein Film für ihn bereitliegt.

Haben Sie mehr als einen Tisch gedeckt, dann können Sie Ihre Gäste z. B. schon mit der Einladung zu bestimmten Plätzen weisen: Das sind dann durch Plakate oder Requisiten gekennzeichnete Tische — zum Beispiel nach bekannten Filmtiteln wie »Ben Hur«, »Jenseits von Afrika« oder »Der blaue Engel«. Oder Sie bestimmen verschiedene Dufttische — Chanel, Dior oder Hermès.

Wer neben wem?

Haben Sie gute Freunde zu Gast, so wird sich meistens jeder setzen, neben wen er will. Ist's allerdings höchst offiziell, dann geht's nun mal nach Rang. Der weibliche Ehrengast ist dann die Tischdame des Hausherrn und sitzt rechts von ihm, der männliche Ehrengast ist der Tischherr der Hausfrau und sitzt demzufolge rechts von ihr. Links neben der Hausfrau und dem Hausherrn sitzt jeweils der nächste wichtige Herr bzw. die dementsprechende Dame. Der »Wert« der Plätze nimmt dann mit zunehmender Entfernung von den Gastgebern ab. Soweit zumindest die Etikette. Realistischerweise werden Sie sich als Gastgeber aber zunächst einmal die Plätze reservieren, in deren Nähe sich die Küche befindet, um die Gäste möglichst nicht zu stören. Sorgen Sie auch bei offiziellen Anlässen dafür, daß jeweils Gäste zusammensitzen, die sich etwas zu sagen haben, also alters- oder interessenmäßig zusammenpassen. »Nach Protokoll« sitzen übrigens Ehepaare nicht nebeneinander und im allgemeinen Damen und Herren gemischt. Auch wenn man besser eine »Cliquenbildung« vermeiden sollte, so bewährt es sich bestimmt, zumindest Kinder und Jugendliche zusammen zu plazieren. Eine große Portion Fingerspitzengefühl gehört schon zum Arrangieren einer Tischordnung …

Tischreden

Hält man sie kurz und launig, so lockern sie die Stimmung während eines Festessens gewiß auf. In der Regel erfolgen sie vor dem Dessert, also direkt nach dem Hauptgang. Der Gastgeber sollte auf alle Fälle informiert werden, es könnte ja sein, daß er Redner oder Rednerin ansagen möchte. Auch das Servicepersonal muß Bescheid wissen, damit es nicht gerade während der Ansprache auftischt. Stehen mehrere Redner an, sollten sich diese über Inhalt und Reihenfolge abstimmen. Nicht vergessen: Sind alle Gläser gefüllt? Danach stößt man sicher an!

Genuß am Fluß

Ob urig-bayrisch oder kernig-friesisch – machen Sie für gute Freunde doch einmal ein festliches Picknick

LÖWENBRÄU
Seit 1383
Tradition in München

Mit schwärmerischen Worten rief der Dichter Orfino um das Jahr 1230 zum Feiern im Freien auf:

»Oftmals speise auf Wiesen im Schatten des rauschenden Laubes, liebreich Freunden gesellt, wo Diener rüsten das Gastmahl! Lieder begleiten das Mahl … Heiliger Vogelsang durchzwitschert zärtlich die Zweige!«

Wenn das nicht romantisch klingt! Aber geändert hat sich eigentlich nichts: Heute wie damals genießt man ein Picknick im Grünen, gesellt liebreich – beziehungsweise mit »Hallo« – seine Freunde um sich, ist als Gastgeber gerüstet oder hat einen Party-Service bestellt, und die Vögel zwitschern zum Glück immer noch.

Wahrscheinlich wollte Orfino mit seiner Beschreibung der Idylle auch den Kontrast zum Alltag herauskehren. Das Thema »Feiern« hat ja schon viele Dichter und Denker zu Aussprüchen verlockt. So gibt zum Beispiel Sokrates in Platons »Gesetzen« auf die Frage, wie viele Feste man im Jahr feiern soll, die verblüffende Antwort: »365!« Sehr philosophisch!

Ich sag' halt einfach: »Feiern wir ein Fest!« Wann und wo auch immer, und sei's auf der Wiese, am See, am Fluß – an der Isar …

Improvisation ist alles: Zwei Bretter werden auf eine Leiter gelegt, die man mit Buchsbaumzweigen dekoriert

Regina

Meine Ideen

Was braucht's zum Feiern im Freien? Schönes Wetter und ein schönes Fleckerl Erde! Da man sich hierzulande aber leider nicht auf eine heitere Wetterprognose verlassen kann, müssen die kulinarischen Vorbereitungen so geplant sein, daß sie zum Teil in der Tiefkühltruhe verschwinden können — wenn sie nicht doch noch unter einem Regendach zur Geltung kommen. Also heißt es, sich Alternativen auszudenken.

Wenn Sie einen Lkw mit Planen mieten, können Sie darauf im Nu die Tische und Bänke aufstellen. Positiver Nebeneffekt: So wird von Haus aus alles auf einmal transportiert. Vielleicht können Sie auch Zuflucht in einer vorab »gesicherten« Scheune nehmen. Oder man hat sich vorsichtshalber einen Fallschirm besorgt, den man zeltmäßig aufbaut. Darunter gibt's erstaunlich viel Platz, um dem Wetter zu trotzen. Das Motto »Jetzt kann uns nur noch die gute Laune retten« bewahrheitet sich in der Tat meistens.

Ist das schöne Fleckerl Erde aber wie gewünscht sonnenbeschienen, muß, wenn Sie auch grillen wollen, das Einverständnis des Grundbesitzers — privat oder städtisch — gewährleistet sein. (Daß man seinen »Festplatz« nachher wieder tiptop verläßt, ist eh klar. Am besten gleich große Müllsäcke mitnehmen).

Also: Auf geht's! Zunächst mit der Überlegung: Wie wird das Picknick ausgerichtet? So bayerisch wie bei meinem Fest? Dann packen Sie all die leckeren Dinge, die Sie hier sehen, in Körbe, Leiterwagen oder vielleicht sogar in eine Kutsche, mit der Sie zum Ort des Geschehens fahren. Aufs alt-bayerische Brotzeitbrett gehören: Bauerngeräuchertes, Leberwurst, Regensburger, Obatzda (Rezept S. 115) und dazu »gespicktes« Brot oder Roggensemmeln. Diverse Salate (z.B. Kartoffelsalat mit Gurken gemischt oder Feldsalat mit gerösteten Brotwürfeln) dürfen nicht fehlen. Alles wurde natürlich zu Hause schon vorbereitet, ebenso das Spanferkel (Rezept S. 112). Fürs Grillen weiterer Spezialitäten darf ich auf meine Vorschläge auf Seite 110 verweisen.

Recht urige Möglichkeiten ergeben sich, wenn Sie Ihr bayerisches Fest noch mit einem Motto »würzen«, zum Beispiel à la Karl Valentin: Ihre Gäste kommen im typischen Look — mit Stehkragen und Zylinder. Bestimmt findet sich dazu etwas auf dem Flohmarkt oder Speicher. Oder Sie stellen Ihr Fest unter die Schirmherrschaft von Ludwig Thoma und seinen »Lausbubengeschichten«. Das geht schon mal so los, daß Ihre Gäste zum Ort des Geschehens auf Wanderschaft geschickt werden und das Festmahl unter einem breitausladenden Baum mitten in der Landschaft vorfinden (wo die Organisations-Truppe schon wartet). Unüberhörbar: Eine Blaskapelle spielt auf!

Ein Stilleben am Rande des Geschehens: Für den Nachmittagskaffee hält der Picknickkorb einige süße Köstlichkeiten bereit. Es gibt einen Guglhupf mit Schokoladenguß, einen Apfelkuchen mit Rosinen und Plundergebäck. Und etwas, das auch immer beliebt ist: Rote Grütze

ISARPARTY

Meine Tips

Und unübersehbar: Von den Zweigen des Baumes hängen rundum an langen weiß-blauen Bändern »Schmankerln« zum Pflücken: Brezeln, Würstchen, Radieschen ... Die Tafel darunter — das kann direkt auf dem Gras sein — ist auf bäuerlichem rot-weißen Leinen gedeckt und mit außergewöhnlichen Sträußen farbenprächtig geschmückt: Radieschen mit roten Rosen, Margeriten mit Karottenbündeln, Kornblumen mit Rettichen. Ein deftiges Essen gibt's: Reinen voll mit Fleischpflanzerln (»Buletten«) oder Entenbrüstchen oder -keulen.

Jeder Mann muß eine Lausbubengeschichte erzählen und bekommt dafür eine originelle Belohnung: Ein Jugend- oder Klassenfoto, das man sich rechtzeitig besorgt hat (vom Fotogeschäft vielleicht »auf Alt« braun getont). Die Rückseite ist mit einem »Zeugnis« beschriftet: eine Beurteilung, wie sich der »Schüler« heute benommen hat. »Griesgrämig«, »zu ausgelassen«, »sehr durstig« oder »allweil leicht angeheitert«. Letzteres können Sie für Ihr Fest glatt als Kompliment auffassen ...

Ein Grillfest ist immer eine Mordsgaudi, egal, ob man es im Garten, auf dem Balkon oder auch zum Beispiel an einem Fluß veranstaltet — es muß ja nicht unbedingt die Isar sein. Und natürlich bietet es sich an, bei so einer Gelegenheit alles auf den Grill zu legen, worauf man gerade Lust hat. Was das sein kann? Hier meine Vorschläge:

Fisch und Meeresfrüchte:

- 2 bis 3 Zentimeter dicke Lachs- oder Schwertfischkoteletts ein paar Stunden vorher in Olivenöl mit Kräutern einlegen.
- Abgezogene Aalstücke vor dem Grillen mit Rauchsalz würzen und mit Limonensaft beträufeln.
- Ausgenommene Lachsforellen mit Basilikumbutter und frischem Basilikum füllen und mit hauchdünnen Limonenscheiben in Alufolie gewikkelt auf den Grill legen.
- Gewürzten Zander auf dem Grill »anbraten« und in Folie verpackt fertiggaren.
- Halbierte, entdarmte Scampi in der Schale in Olivenöl mit Basilikum, geschälten Knoblauchzehen und Zitronenscheiben einige Stunden einlegen.
- Eine Pfanne mit Kräuter- oder Limonenbutter auf den Grill stellen und Garnelen oder Jakobsmuscheln darin schwenken.

Dazu reicht man am besten verschiedene Buttermischungen (wie zum Beispiel Kräuter-, Tomaten- und Limonenbutter) und entsprechende Saucen. Je nach Zubereitungsart passen leichte Kräuter-Joghurt-Saucen, Crème fraîche oder kalt gepreßtes Olivenöl (extra Vergine) mit frischem Limonensaft verrührt, Tomatencoulis mit Chili und Knoblauch, Aioli und Pesto.

Fleisch:

- Ochsenkoteletts oder T-Bone-Steaks ein paar Stunden vorher in Öl mit Rosmarin, Thymian, grobem Pfeffer und Chilischoten einlegen.
- Kaninchenfilets in gehacktem Salbei oder Thymian und geschroteten Wacholderbeeren wälzen, mit Öl bepinseln und nur ganz kurz grillen.
- Gewürztes Stubenküken mit glatter Petersilie und Staudensellerie füllen und auf dem Drehspieß grillen.
- Lammkoteletts vor dem Grillen mit Rosmarin einreiben und mit Olivenöl beträufeln.
- Für ein Asado dünne Rindfleischscheiben zusammen mit Gemüse auf den Grill legen und mit Kräuteröl bepinseln.

Zu Grillfleisch paßt hervorragend gegrilltes Gemüse. Während das Fleisch gart, kann man sich in aller Ruhe um Austernpilze, Champignons, vorgekochte Maiskolben, Zucchinischeiben und vieles mehr kümmern.

Zu einer Einladung zum Fest am Fluß gibt's passende Requisiten: Einen echt bayerischen »Einlader« (aus einer Spanplatte ausgesägt und bemalt), zünftige Schnupftabakdosen, ein altes gerahmtes Stickmuster (oder schöne Spitze). Eine originelle Einladung vorab: Flußkiesel werden in einen bayerischen Strumpf gesteckt — und ab geht die Post

Fließend gekühlt

In Isar- oder auch Nordseewellen bleibt Ihr Bier selbst bei glühender Hitze schön kalt. Sichern Sie Ihren »Kühlschrank« aber vorher gut mit Steinen ab, damit sich die edle Fracht durch die Strömung nicht selbständig macht. Eine naheliegende Alternative, die das wertvolle Gut auch beisammenhält: ein Fischernetz, dekorativ am Ufer drapiert. Basteln Sie dazu eine Fahne im landestypischen Stil, so kann jeder das begehrte Bierlager schon von weitem erkennen. Bei meinem Isarfest kann's darauf natürlich nur auf gut bayerisch heißen: »Ois zum Dringa!« (Übersetzt heißt das: »Alles zum Trinken!«) Und da sollte es eine gepflegte Auswahl geben, damit die eingefleischten Pils- oder Weißbiertrinker auch dann auf ihre Kosten kommen, wenn auf dem »Festplatz« vom Faß nur Helles zu zapfen ist.

MEIN SPEZIELLES GEHEIMNIS

Schöne stilvolle Geschenke bekommt man als Gastgeber fast immer. Wie wär's aber, wenn Sie Ihre Freunde aufforderten, spaßeshalber mal ein wirklich kitschiges Geschenk mitzubringen? Eins, das diese selbst einmal erhalten und schon längst in den Keller verbannt haben! Vielleicht stammt es sogar direkt aus dem Kreis der Anwesenden – das macht nichts, das fördert schließlich den Humor. »Kitsch as Kitsch can« – wer hat den schönsten?

Spanferkel vom Spieß

Rezept für 30 Personen:

1 junges Spanferkel (nicht schwerer als 10 kg, vom Metzger grillfertig zubereiten lassen), Salz, Pfeffer, ½ l Pflanzenöl, 1 kleiner Bund Majoran (die Blätter abgezupft und feingehackt) 1 Knoblauchzehe (durchgepreßt), 2 TL edelsüßer Paprika, 1 TL Kümmelsamen.
Außerdem: Malzbier

Das Spanferkel innen und außen salzen und pfeffern. Das Öl mit den übrigen Zutaten verrühren und das Spanferkel rundum damit bepinseln. Dann das Spanferkel an einem

Drehspieß befestigen. Die Ohren und den Schwanz in Alufolie einschlagen. Den Drehspieß seitlich neben der Holzkohlenglut aufbauen und eine entsprechend große Abtropfpfanne darunterstellen. Das Spanferkel während dem Grillen immer

wieder mit dem Öl bepinseln. Kurz bevor es gar ist, die Folie von Ohren und Schwanz entfernen und das Spanferkel mit Malzbier bepinseln. Die Garzeit hängt von der Hitze ab. Durchschnittlich braucht so ein Spanferkel 3 bis 4 Stunden.

Dazu passen gegrillte Maiskolben und Folienkartoffeln sowie ein Salatbuffet mit Kartoffel- und Blattsalaten.

»O'zapft is«

Der Hahn ist ins Faß geschlagen, das Spanferkel knusprig braun gegrillt — die Gäste können kommen, das Fest kann beginnen. Die typisch bayerische Dekoration mit grünen Zweigen und weißblauen Bändern — und »meinen« roten Käfern — erinnert bereits an das nahende Oktoberfest (Foto oben).

Typisch bayerisch: Steckerlfisch

Kein Isar-Fest ohne Stekkerlfisch! Zum Aufspießen eignen sich Forellen oder Saiblinge. Und so wird's gemacht: Die ausgenommenen Fische waschen, mit Küchenkrepp trockentupfen, innen und außen mit Salz und Kräuterpfeffer würzen, mit Zitronensaft beträufeln und mit Öl bepinseln. Anschließend die Fische üppig mit Dill oder Fenchelholz füllen. Fürs Feuer einen Wall aus Steinen bauen und darin Holz oder Holzkohle zur Glut bringen.

Dann die Fische, wie oben abgebildet, auf gebutterte Holzstöcke spießen und etwa 30 Zentimeter von der Glut entfernt schräg in den Boden stecken. Je nach Art und Größe der Fische beträgt die Garzeit 20 bis 30 Minuten. Zwischendurch die Stöcke immer wieder drehen und die Fische mit Öl bepinseln.

Dazu passen frische Brezen und Bauernbrot, Folienkartoffeln mit Crème fraîche und Kartoffel-Gurken-Salat.

Tip: Legen Sie in die Glut einen Rosmarinzweig, das gibt ein feines Aroma.

Übrigens:

»Gesellschaftsspiele« sollten nicht in Vergessenheit geraten. Sie sind oft eine willkommene Abwechslung und Aufmunterung — noch dazu an einem langen Nachmittag im Freien! Eine Boule-Runde, Pfeilwurfwettbewerbe auf Luftballons, Dosenwerfen, »Fingerhackeln« oder ein Wettholzhacken (fürs Grillfeuer) als Einlage zwischendurch — solche Spiele heben garantiert die Stimmung.

EXTRA REZEPTE

Kalte Speisen

Scampi in Olivenölmarinade

Rezept für vier Personen:

20 Scampi (aus der Schale gelöst und entdarmt), 8 EL kaltgepreßtes Olivenöl, 4 EL frischer Zitronensaft, 2 EL feingehackte Kräuter (glatte Petersilie, Basilikum, Salbei, Zitronenmelisse), weißer Pfeffer.
Außerdem: Eisbergsalat

Die Scampi in Salzwasser einmal aufkochen, dann abtropfen lassen. Das Olivenöl mit dem Zitronensaft und den Kräutern verrühren. Mit Pfeffer würzen. Die Scampi auf Eisbergsalatblättern anrichten und mit der Marinade beträufeln.

Spanferkelsülze mit Schnittlauchsauce

Rezept für vier bis acht Personen:

1 gepökelte Spanferkelschulter (ca. 1 kg), 3 l Fleischbrühe, 1 Karotte, 1 kleine Sellerieknolle, 1 Bund Petersilie, Essigessenz, 10 Blatt helle Gelatine.
Für die Schnittlauchsauce: 2 Becher saure Sahne, 2 EL mittelscharfer Senf, 1 Bund Schnittlauch (in feine Röllchen geschnitten), Salz, Pfeffer, etwas Zitronensaft

Die Spanferkelschulter in der Fleischbrühe ca. $1\frac{1}{2}$ Stunden weichkochen. 20 Minuten vor Ende der Garzeit das geputzte Gemüse hinzufügen und mitgaren. Anschließend alles herausnehmen. Das Fleisch und Gemüse in kleine Würfel schneiden. Die Petersilie feinhacken. Die Brühe auf die Hälfte einkochen lassen. Durch ein Sieb gießen und mit Salz, Pfeffer und Essigessenz kräftig abschmekken. Die Gelatine in kaltem Wasser einweichen, quellen lassen und gut ausdrücken. In der Brühe auflösen und zum Gelieren bringen. Fleisch, Gemüse und Petersilie mit der Brühe in eine Terrinenform füllen. Über Nacht im Kühlschrank erstarren lassen.
Für die Schnittlauchsauce die saure Sahne mit dem Senf und dem Schnittlauch verrühren. Mit Salz, Pfeffer und etwas Zitronensaft abschmecken. Die Spanferkelsülze vorsichtig aus der Form lösen und in Scheiben schneiden. Mit der Schnittlauchsauce servieren.
Tip:
Diese Spanferkelsülze schmeckt an heißen Sommertagen besonders gut. Am besten passen dazu rösche Bratkartoffeln und knackige Blattsalate. Als Getränk ideal: ein kühles dunkles Bier vom Faß.

Taschenkrebssalat mit Sherrydressing

Rezept für vier Personen:

4 Taschenkrebse, je 1 kleiner Kopf Batavia und Radicchio, 1 Bündel Brunnenkresse, 125 g Sojabohnenkeimlinge.
Für das Sherrydressing: 3 EL Sherryessig, Salz, Pfeffer, 1 EL mittelscharfer Senf, 6 EL kaltgepreßtes Olivenöl.
Außerdem: 1 EL Pinienkerne

Die Taschenkrebse in Salzwasser 20 Minuten kochen und auslösen. Die Salate, die Brunnenkresse und die Sojabohnenkeimlinge putzen und waschen. Batavia und Radicchio in mundgerechte Stücke zupfen.
Für das Sherrydressing alle Zutaten mit einem Schneebesen kräftig durchschlagen. Dann die Salate, die Brunnenkresse und die Sojabohnenkeimlinge durch das Dressing ziehen. Auf vier Teller verteilen und das Taschenkrebsfleisch darübergeben. Zuletzt die Pinienkerne in einer beschichteten Pfanne ohne Fett goldgelb rösten und darüberstreuen.

Niederbayerischer Obatzda

Rezept für vier Personen:

500 g ganz reifer Camembert, 150 g Doppelrahm-Frischkäse, 100 g Butter, 3 Eigelb, $^1/_2$ Zwiebel (feingehackt), 2 EL dunkles Bier, 1 TL gemahlener Kümmel, 1 TL edelsüßer Paprika, Salz, Pfeffer.
Außerdem: 1 blaue Zwiebel

Den Camembert in grobe Würfel schneiden, eventuell vorher entrinden. Dann mit den übrigen Zutaten mit einer Gabel zerdrücken. Zuletzt noch mal kräftig abschmecken. Die Zwiebel schälen und in dünne Ringe schneiden. Den Obatzd'n damit anrichten.

Brokkoliröschen im Eierstich

Rezept für vier bis sechs Personen:

800 g Brokkoli (in Röschen zerteilt), 100 g Mandelblättchen.
Außerdem: 6 Eier, $^1/_4$ l Brokkolisud (das Blanchierwasser auffangen), $^1/_8$ l Crème fraîche, $^1/_8$ l süße Sahne, Muskatnuß, Salz, Pfeffer

Die Brokkoliröschen in Salzwasser kurz blanchieren und gut abtropfen lassen. Die Mandelblättchen in einer beschichteten Pfanne ohne Fett bräunen. Die Eier mit dem Brokkolisud, der Crème fraîche und der Sahne gut verquirlen. Mit Muskatnuß, Salz und Pfeffer würzen. Die Brokkoliröschen lagenweise in eine Terrinenform füllen, dabei jeweils mit Mandelblättchen bestreuen und mit Eier-Sahne begießen. Mit einem Deckel verschließen und im auf 160° vorgeheizten Backofen im Wasserbad $1^1/_2$ Stunden stokken lassen. Nach dem Abkühlen aus der Form lösen und in Scheiben geschnitten servieren.

Marinierte Renke

Rezept für vier Personen:

2 frische Renken (filetiert und entgrätet), Salz, Pfeffer, Worcestersauce, Zitronensaft, etwas Mehl, Öl zum Braten.
Für die Marinade: $^1/_8$ l Sherryessig, $^1/_4$ l Sonnenblumenöl, 2 EL scharfer Senf, 4 cl trockener Weißwein, je 1 Prise Salz und Zucker, Saft von 1 Zitrone.
Außerdem: 4 blaue Zwiebeln, 3 Zitronen

Die Renkenfilets mit Salz, Pfeffer, etwas Worcestersauce und Zitronensaft würzen bzw. beträufeln. Dann mit etwas Mehl bestäuben und im erhitzten Öl in einer Pfanne auf beiden Seiten goldgelb braten. Herausnehmen und erkalten lassen. Inzwischen die Zutaten für die Marinade miteinander verrühren. Die Zwiebeln schälen und in dünne Ringe schneiden. Die Zitronen ebenfalls schälen und die Filets aus den Bindehäuten schneiden. Die Renkenfilets mit den Zwiebelringen und den Zitronenspalten in eine flache Schüssel legen. Die Marinade darübergießen und alles im Kühlschrank 24 Stunden durchziehen lassen. Die Renkenfilets mit ein paar Zwiebelringen, Zitrone und etwas Marinade servieren.

Tip:
Je länger die Renken in der Marinade ziehen, desto besser schmecken sie. Anstelle von Renken kann man auch Bachsaiblinge oder Bodenseefelchen einlegen. Es sieht optisch besonders attraktiv aus, wenn man die Fische auf Kresse anrichtet.

GARNIEREN UND DEKORIER

Das Auge ißt mit: Vor allem gilt diese Feststellung dem Finale eines Menus, dem Dessert, das den meisten Gästen – wer hat das nicht schon erlebt? – am nachhaltigsten in Erinnerung bleibt.

Es gibt heutzutage vielfältige Möglichkeiten, Dekoration und Geschmack unter einen Hut zu bekommen. Man braucht dazu nur ein bißchen Phantasie und ein paar gute Tips.

Das Dessert soll nicht von üppigen Garnituren »erschlagen« werden, die ausschließlich fürs Auge, nicht aber für den Gaumen, bestimmt sind. Wichtig ist die Kombination von Zutaten, die sich optisch und geschmacklich ergänzen. Ob mit frischen heimischen Früchten der Jahreszeit oder mit eingeflogenen tropischen Köstlichkeiten – die Alternativen, bei der Dessertgestaltung Akzente zu setzen, sind nahezu unbegrenzt ...

Großzügig: Große Teller

Vergessen Sie als erstes die kleinen Dessertschälchen! Machen Sie's wie die Profis, und richten Sie Desserts auf großen Tellern an. Nur hier können Sie das Eis, die Früchte oder Crèmes wirkungsvoll und großzügig präsentieren. Auch wenn Sie dann mehrere unterschiedliche Dessertarten miteinander kombinieren, wirkt der Teller nicht so leicht überladen. Wie wär's übrigens zur Abwechslung einmal mit farbigem oder schwarzem Geschirr, ganz schlicht oder mit durchbrochenem Muster am Tellerrand?

Vielseitig: Fruchtpürees

Pürees schmecken nicht nur gut, sie sind darüber hinaus kinderleicht herzustellen und lassen sich auch sehr gut kombinieren.

Und so wird's gemacht:

Nehmen Sie, je nach Jahreszeit, Himbeeren, Erdbeeren, Brombeeren, Heidelbeeren, rote oder schwarze Johannisbeeren, Aprikosen, Mangos, Papayas oder Kiwis. Zerkleinern Sie das Obst mit einem

N

Pürierstab, und streichen Sie es durch ein feines Sieb, um Kerne zurückzuhalten. Mit Puderzucker leicht süßen – fertig.
Wichtig: Geben Sie keinen Saft oder andere Flüssigkeit hinzu, nur so bleibt das frische Fruchtaroma erhalten. Kombinieren Sie Fruchtpürees ruhig mit allen möglichen Süßspeisen: mit Eis, Sorbets und Gebäck – dadurch wird aus einem schlichten Nachtisch ein raffiniertes Dessert. Auch, wenn Sie Fruchtpürees als »Spiegel« nehmen: Dazu wird der gesamte Tellerboden mit einem Püree bedeckt, und darauf werden Eis, Crèmes oder Früchte gesetzt. Oder wählen Sie Fruchtpürees gezielt nach ihrer Farbe aus. Verteilen Sie dazu einfach mehrere Pürees in harmonierenden Farbtönen auf dem Teller, und lassen Sie sie ineinanderlaufen – mit süßer Sahne oder Crème fraîche gibt's die tollsten Ornamente! Spielen Sie mit den Farben!

Tip vom Patisseriefachmann:

Drehen Sie mit Butterbrotpapier ein Tütchen, und spritzen Sie die Crème fraîche auf den Fruchtpüreespiegel, zum Beispiel kreisförmig, als Diagonalstreifen oder in Schneckenform. Nun können Sie mit einem Zahnstocher oder einer Gabel die weiße Crème fraîche in das farbige Fruchtpüree ziehen und Muster gestalten.

Kunstvoll: Konturen

Wer Zeit hat und auch etwas Geduld, der kann sich an einen etwas aufwendigeren Nachtisch wagen. Bereiten Sie dazu eine Eiweißspritzglasur, mit der Sie Konturen vorzeichnen: Kreise, Herzen, Buchstaben, Ornamente oder Blüten, ganz nach Ihrem Geschmack. Füllen Sie dann die Innenfläche mit verschiedenfarbigen Fruchtpürees aus. Für die Eiweißspritzglasur rühren Sie in Eiweiß so lange Puderzucker ein, bis eine spritzfähige Masse entsteht. Die Linien, die Sie dann mit einem Spritztütchen ziehen können, sind gleichzeitig Begrenzung für die einzelnen Pürees. Mit der Eiweißspritzglasur können Sie auch schreiben – den Namen des Geburtstagskindes beispielsweise. Damit man die Schrift auch gut lesen kann, sollten Sie mit einer weißen Spritzglasur nur auf farbige oder schwarze Teller schreiben. Falls Sie weiße Teller beschriften möchten, färben Sie die Glasur mit Lebensmittelfarbe oder Kakaopulver ein.

GARNIEREN UND DEKORIEREN

Eßbar: Dekors

Marzipan können Sie ausrollen und in Streifen schneiden oder mit Plätzchenformen Ornamente für den Tellerrand ausstechen.

Juliennes sehen besonders auf Früchten malerisch aus: etwa hauchdünne Orangen-Juliennes auf Feigen-Achteln oder grüne Kiwi-Juliennes auf roten Erdbeerscheiben! Kochen Sie die dünnen Streifen von Zitronen- oder Orangenschalen aber vorher kurz in Zuckerwasser auf. Apfel-Juliennes vorher kurz in Zitronensaft legen, damit sie nicht braun werden.

Zitronenmelisse und Pfefferminzblättchen sind nicht nur ein feiner optischer Effekt — zu vielen Früchten und Crèmes paßt auch der frische Geschmack hervorragend.

Puderzucker läßt wahre Kunstwerke entstehen. Entweder, Sie stäuben mit einem Sieb den Dessertteller einfach mit Puderzucker ein — das gibt einen zauberhaft »frostigen« Effekt, ganz besonders auf dunklen Tellern. (Um einen Farbkontrast auch bei weißem Geschirr zu erzielen, mischen Sie unter den Puderzucker etwas Kakaopulver.) Oder Sie schneiden Motive aus Pappe aus (z. B. Herzchen oder Sternchen), legen sie

auf den Tellerrand und stäuben dann ganz leicht über die Vorlagen, die Sie anschließend vorsichtig entfernen.

Schokoladenraspel stellen Sie am besten selbst her: Schaben Sie mit dem Messerrücken hauchdünne Plättchen von einer Schokoladentafel — damit können Sie entweder den Tellerrand verzieren oder einer Crème den letzten Pfiff geben.

Nüsse, geschält und phantasievoll verteilt oder großzügig verstreut, passen ebenfalls zu vielen Desserts. Walnüsse, Pistazien, Pinienkerne, Mandeln — ganz oder gehackt, gestiftelt oder gehobelt — eignen sich besonders gut.

Beeren sind oft noch das Tüpfelchen auf dem i. Und so bekommen Sie einen »eisigen« Schimmer: Tauchen Sie Johannisbeeren (mit den Rispen), Weintrauben oder Erdbeeren erst in kaltes Wasser, und wälzen Sie sie anschließend in Zucker.

Dekorativ: Blätter

Nicht nur Blütenblätter von Erdbeeren und ganze Rispen von Johannisbeeren sind erlaubt — Sie können ruhig auch andere Blätter zum Dekorieren nehmen — sofern Sie ganze Früchte servieren. Da die Blätter aber nicht mit Pürees oder Crèmes in Berührung kommen sollen, können Sie hier einen Trick anwenden: Nehmen Sie einen großen weißen Teller, und legen Sie ihn üppig mit frischen grünen oder herbstlich bunten Blättern aus. Stellen Sie darauf nun einfach einen durchsichtigen Glasteller, auf dem das Dessert angerichtet ist. Anstelle von Blättern können Sie auch Tortenspitzendeckchen verwenden. Die kleine optische Täuschung wird die Wirkung in beiden Fällen nicht schmälern!

Frisch: Gefüllte Früchte

Ob Ananas, Papaya, Babaco oder Melone — bei all diesen Früchten ist es eigentlich immer schade um die dekorative Schale. Sie eignet sich bestens zum Füllen. Halbieren Sie die Früchte, höhlen Sie sie aus, und servieren Sie in den jeweiligen Hälften das Dessert: Eis- und Obstkugeln, Fruchtspalten und Beeren. Das läßt sich auch mit kleineren exotischen Früchten praktizieren: Schneiden Sie den oberen Teil einer Grenadille oder Maracuja ab, füllen Sie den unteren ausgehöhlten Teil mit einer passenden Crème, und setzen Sie den Deckel wieder darauf. Füllen können Sie sogar auch halbierte Backpflaumen oder Pfirsiche.

Effektvoll: Farbkontraste

Leuchtendgelbe Mangospalten und sattgrüne Kiwischeiben sehen doppelt schön aus, wenn sie als graphisches Muster zusammengelegt sind. Der gleiche Effekt läßt sich aber auch mit Ton-in-Ton-Abstufungen erreichen, zum Beispiel mit Filets von unterschiedlichen Zitrusfrüchten.

Formvollendet: Nocken

Mal in eine andere Form gebracht, sieht so manch klassisches Dessert gleich wieder ganz »neu« aus. Stechen Sie beim Tiramisu kleine Nocken ab und arrangieren Sie diese sternförmig auf einem großen Teller. Tip: Tauchen Sie dazu den Löffel vorher in heißes Wasser, dann geht's einfacher. Oder verteilen Sie eine Mousse au chocolat mit dem Eisportionierer. Rote Grütze, natürlich auch gelbe oder grüne, kommt in Form, wenn Sie beim Zubereiten ein wenig mehr Gelatine verwenden. Dann können Sie sie in Puddingförmchen füllen und stürzen. Geben Sie auch einmal Ihrem Eisparfait ein neues Outfit: einfach auf ein Blech streichen und nach dem Gefrieren mit Förmchen ausstechen.

Freche Früchtchen

Das große Glück fürs kleine Kind: Zum Geburtstag ein tolles Fest für alle Freunde

Etwas verstört rief mich eine Verwandte kurz vor dem zehnten Geburtstag ihres Sohnes an: Der Bub hat lässig verkündet, er wolle seine ganze Klasse einladen – mal so 28 Spezln –, es müsse ein »irres« Fest werden und ein »Wahnsinnsessen« geben. Sie frage sich, wie ein derart forderndes Wünschen möglich sei. Vielleicht sollte es gar noch ein Käfer-Buffet sein! Ach Gott, die Kinder seien heutzutage so verwöhnt …

Einerseits konnte ich nicht verhehlen, daß sie selbst wohl auch ein bißchen daran schuld sei, andererseits: Der Jubilar konnte doch nicht schon mit Erreichen seines ersten Dezenniums an Größenwahn leiden!

Ich riet ihr, sich mit dem Jungen mal zu einer »Generalstabsplanung« zusammenzusetzen und seine Wünsche zu erkunden. Und siehe da: Es war alles weit harmloser, als gedacht. Es sollte einfach alles »anders« sein als sonst. (Der »Wahnsinnswunsch« in punkto Essen bestand zum Beispiel aus Maiskolben und Hähnchenkeulen). Mit einem Motto und ein paar hübschen Ideen zum Ablauf und zur Gestaltung des Festes konnten alle Wünsche unter einen Hut gebracht werden. Das Kind fühlte sich wichtig genommen und war selig in der Vorfreude – wenn auch die Gästeliste ein bißchen reduziert werden mußte …

Einladend: als Geburtstagspakete dekorierte Obsttische im Rot-Weiß-Look

DIES IST DER
ERBEER
T ISCH
An
Julia-Anna Torrel
Kirchstr. 12
8000 München 40

Meine Ideen

Ein schönes Fest soll es also geben, wo nach Herzenslust getobt, genascht und mit Freunden ausgiebig gespielt wird. Und da man ja schließlich ein glückliches Geburtstagskind haben möchte, ist es auch der Mühe wert, ein bißchen Aufwand zu treiben und ein paar Nerven zu investieren. Beginnen Sie nur rechtzeitig mit den Vorbereitungen!

Bei dem hier dargestellten Kinderfest können zum Beispiel alle Papierarbeiten — seien es die Einladungen, die überzogenen Tische und die vorbereiteten Bastelspiele — lange zuvor fertiggestellt werden. Alles in Weiß und Rot zu arrangieren, ist mit ein bißchen Phantasie ganz einfach. Und eine Farbkombination wirkt immer ausgetüftelt und fröhlich!

Wird das Fest im Haus gefeiert, bietet es sich an, den Kindergeburtstag unter ein Motto zu stellen. Abgesehen von den Einladungen, die damit verheißungsvoller werden, und den Verkleidungsmöglichkeiten, die sich den Kindern damit bieten, wird eine passende Dekoration Spaß und Umtrieb auslösen. (Optimal wäre natürlich die Möglichkeit, ein Zimmer weitgehend freizuräumen und zum »Festzentrum« zu erklären).

Das Muß für ein »Clownfest« sind zum Beispiel Luftballons in Mengen — dicht an dicht an der Decke (gasgefüllt emporgestiegen). Normale Luftballons lassen sich an kreuz und quer gespannten Fäden gut aufknüpfen. Trauben von bunten Ballons in den Zimmerecken verteilt, regen bestimmt zu immer wieder neuen Spielen an.

Haben Sie einen Partykeller, dann können Sie an einer Drahtaufhängung rings um die Decke mit bunten Stoffstreifen, die eng geknüpft daran herunterhängen, ein Manegen-Rund herstellen. Der Eingang wird stilgerecht mit gerafften Stoffen zum Manegen-Vorhang. Darüber hängt das Schild: »Manege frei!«

Falls sich die Kinder verkleidet haben, werden auch weitere Farbtupfer nicht schaden, wenn zum Malwettbewerb von Zirkusmotiven aufgerufen wird. (Andernfalls übergroße T-Shirts bereithalten, worauf jeweils mit Stofffarbe die Namen der kleinen Gäste stehen). Als Malfläche dienen die Rückseiten von billigen Tapetenrollen, die so aufgehängt sind, daß man sie immer wieder für neue Gemälde abrollen kann. Finger- und Wasserfarben, dicke Filz- und Ölstifte gehören dazu.

Ein »Comicfest« kann man mit Fotokopie-Vergrößerungen der einschlägigen Lieblinge aus Comicheften ganz witzig ausstatten — als Tischsets oder Wandverkleidungen, die dann anschließend zum großen Vergnügen der Kinder ausgemalt werden dürfen.

Bei einem »Westernfest« wird das Kinderzimmer zum schummrigen Saloon (mit dicker Wellpappe kann man Möbel gut verkleiden). Westernmusik sorgt für Stimmung, ein Winnetou-Video-Film für Action im Hintergrund, und prima Drinks in Form von Milchshakes gibt's an einer Bar.

Da besonders kleinere Kinder Rollenspiele lieben, kann man zu einer »Budenparty« rufen. In dieser Zimmerecke ist ein Kaufladen eingerichtet, in jener ein Flohmarktstand, wo es für Spielgeld allerlei zu kaufen und zu tauschen gibt.

Wenn das Wetter es zuläßt, und Sie das Fest nach draußen verlegen können, dann organisieren Sie doch eine »Olympiade«. Kirschkernspukken, Gummistiefel-Weitwurf, Staffellauf mit Hindernissen, Tauziehen, Sackhüpfen oder Boccia — alles nach eigenen olympischen Disziplinen! Als Siegestrophäen werden Riesenlutscher bestimmt anerkannt. Aus dünnem Kupferblech rund ausgeschnittene Plättchen, die mit spitzem Stift beschriftet und an ein glänzendes Band gehängt werden, gibt es als »Medaillen«. Schließlich müssen kleine Leute, die groß in Form sind, ausgezeichnet werden!

Als Obst- und Getränkebar macht sich dieser Eiswagen natürlich sehr gut, doch auch ein weißer Gartentisch mit rotem Schirm würde genügen. Hauptsache, es gibt ein tolles Angebot an roten Früchten (z. B. Himbeeren, Erdbeeren, Johannisbeeren und Kirschen) mit den entsprechenden Fruchtsäften. Und Eis natürlich!

Meine Tips

<u>Die Einladung</u> ist für Kinder am tollsten, wenn sie gleich etwas vom künftigen Fest vermittelt:

- Ein Luftballon mit einer kleinen angehängten Clownfigur lädt mottogerecht zu einem »Zirkusfest« ein. (Mit Filzstift auf den aufgeblasenen Luftballon alles übers Fest schreiben, Luft wieder herauslassen und den Ballon verschicken).
- Eine Wasserpistole oder ein Sheriffstern, woran man die Einladung hängt, paßt bestimmt zu einem »Westernfest«.
- Ein Wasserball oder ein Springseil, mit der Einladung versehen, weist auf ein munteres Fest im Freien hin.
- Eine Signalkelle (wie es sie im Spielzeugladen für kleine Eisenbahner gibt), könnte den Geburtstag signalisieren oder gleich als Einladung für ein »Eisenbahnspielfest« gelten.

<u>Das Essen</u> wird zur besonderen Lekkerei für Kinder, wenn es ihre Lieblingsgerichte, einmal ganz lustig dargeboten, gibt:

- Ein buntes Nudelgericht ergeben rote (Tomaten-)Spaghetti und grüne (Spinat-)Spaghetti gemischt mit normalen Eier-Spaghetti. Am liebsten wär's den Kindern vermutlich, diese aus einer Riesenschüssel mit den Händen zu essen (ein kleines aufblasbares Schwimmbecken wäre dann zum Händewaschen praktisch). Wenn Sie aber Eßkultur in jeder Beziehung vermitteln möchten, dann passen Spaghetti al Cartoccio bestimmt besser (Rezept S. 128).
- Kleine Hackbraten in Igelform werden mit Leidenschaft »verputzt«. Die Stacheln sind aus vielen zugespitzten Gürkchen oder aus Kartoffelsticks.
- Eine wagenradgroße Extra-Pizza (mit einem Meter Durchmesser in einem italienischen Lokal zu bestellen) lädt alle zum gemeinsamen Verspeisen ein, was rundum ganz bestimmt begeistert.
- Wackelpudding ist immer beliebt, aber ihn in verschiedenen Geschmacksrichtungen und Farben zu bekommen, erhöht den Spaß beim Essen. (In einem großen rechteckigen Glasbehälter nach und nach einzelne Schichten Waldmeister, Zitrone und Himbeermasse einfüllen und erkalten lassen). Dazu gibt's flüssige Sahne oder Vanillesauce.

<u>Preise</u> nach vorangegangenen Gewinnspielen sind natürlich sehr wichtig. Je nach Motto des Festes können das sein:

- Kinokarten für einen Zeichentrickfilm oder ein Gutschein für einen Zirkusbesuch.
- Ein kleiner Kompaß oder ein Schaumstoff- oder Hartgummiball.
- Originelle Bleistiftspitzer, ein Mini-Rechencomputer, Notizblöcke oder ein besonderer Kugelschreiber.

Die Einladung zur Geburtstagsfeier kann mit geschickt gefaltetem Papier kunstvoll gestaltet sein. Auch den kleinen Gästen macht es Spaß, wenn sie beim Fest selbst kreativ sein können und sich zum Spielen »Himmel und Hölle«, Papierhüte und Flugzeuge basteln

Für Papi
LIEBE

MEIN SPEZIELLES GEHEIMNIS

Weil's am Anfang manchmal recht schüchtern zugeht, sollte man den kleinen Gästen helfen: Mit Musik werden sie begrüßt und gleich zum Mitmachen animiert. Topfschlagen, Rumbarasseln, Kastagnettenklappern — so ein Auftakt bricht das Eis. Zum Schluß des Festes heißt's dann wiederum, Ruhe in die Geburtstagsgesellschaft zu bekommen: Ein kleiner überraschender Imbiß oder eine Schale, kunterbunt mit Süßigkeiten gefüllt (zum Mitnehmen), erleichtern garantiert den Aufbruch ...

Bilder zum Aufessen

Ein bißchen schade ist es schon um die süßen Kunstwerke — aber weil sie halt auch phantastisch schmekken, sind sie als Nachspeise »freigegeben«. Die Zubereitung ist übrigens gar nicht so schwierig: Auf Desserttellern werden die Phantasiefiguren und -formen mit Eiweißglasur (mittels eines Pergamenttütchens) gezogen. Nachdem die Glasur getrocknet ist, werden die Flächen ausgefüllt. Für die gelben wird das Fruchtfleisch einer Mango, für die roten werden frische Erdbeeren im Mixer püriert und mit Puderzucker sowie Zitrone abgeschmeckt und durch ein feines Sieb passiert. Mit Schokoladen-Kuvertüre und kleinen ausgeschnittenen Marzipanstückchen werden weitere Akzente gesetzt. Karamelpudding, rote Grütze und Früchte (teils mit Tortenguß überzogen und auf Plätzchen gesetzt) vervollständigen das Bild und den Genuß.

Spaghetti al Cartoccio

Rezept für vier Personen:

300 g italienische Spaghetti, 1 mittelgroße Knoblauchzehe (geschält und feingehackt), 1 junge Frühlingszwiebel (in dünne Ringe geschnitten), 4 EL kaltgepreßtes toskanisches Olivenöl (extra Vergine), 1 große Fleischtomate (300 g, enthäutet, entkernt und dann gewürfelt), 100 g frische, junge Meeralgenspitzen, 1 Bund Basilikum (in feine Streifen geschnitten), Salz, Pfeffer aus der Mühle, 200 g frischer, filetierter Wildlachs ohne Haut und Gräten, 8 Scampi (aus der Schale gelöst und entdarmt).

Außerdem: 4 große Stükke extrastarke Alufolie

Die Spaghetti in kochendem Salzwasser ca. 9 Minuten »al dente« kochen. Dann abgießen und kalt abschrecken. Die Knoblauchzehe und die Frühlingszwiebel in 1 EL erhitztem Olivenöl kurz dünsten.

Dann zusammen mit den Tomatenwürfeln und dem Basilikum unter die kalten Spaghetti mischen. Mit Salz und Pfeffer würzen. Die Folienstücke mit Olivenöl bepinseln. Die Spaghetti vierteln und darauf anhäufen. Den Lachs in vier Stücke schneiden. Die Scampi der Länge nach halbieren. Auf den Spaghetti verteilen. Zuletzt nochmal mit Salz und Pfeffer würzen und mit dem restlichen Öl beträufeln. Dann die Folien zu Taschen falten. Im auf 220° vorgeheizten Backofen 9 bis 12 Minuten backen. Vor dem Essen die Folien oben aufschneiden, leicht umknicken und die Spaghetti darin servieren.

»Leckeres« Spiel

Zu einem Extra-Vergnügen wird hier das altbekannte Mensch-ärgere-dich-nicht-Spiel (Foto links). Die Spielfiguren – bunte Käferchen aus leckerem Marzipan mit Fühlern als »Haltegriffe« – dürfen von den Verlierern zum Trost verspeist werden. Die weitere Besonderheit: ein selbstgebastelter Spieltisch. Mit weißen Papierbögen wurde ein großer quadratischer Karton umklebt, per Fotokopie ein übliches Mensch-ärgere-dich-nicht-Spiel vergrößert, die Spielfelder ausgeschnitten und aufgeklebt. Für die Startpositionen der Spielsteine sind ausgeschnittene Positiv- oder Negativ-Blätterformen farbig übersprüht worden, ebenso an den Seitenteilen die weiteren Motive.

»Coole« Cocktails

Mit Fähnchen wird hier signalisiert, welch originelle Fruchtcocktails bereitstehen (z.B. Apollinaris mit Zwergtomaten und Dill oder Erdbeeren mit Pfefferminzblättchen).

Übrigens:

Paßt es einmal so gar nicht, ein Geburtstagsfest auszurichten, dann gibt's »Ausweichmöglichkeiten«, die Kindern auch Spaß machen: Ein Besuch im Kasperl- oder Marionettentheater, im Kino oder Zirkus. Anschließend geht's dann zum Hamburger-Essen zu McDonalds. Vergnügen macht der Geburtstagsbande auch ein Picknickausflug in den Zoo, in einen Wildpark, oder, wenn's jahreszeitlich paßt, auf eine Erdbeerplantage oder zum Kastanienwettsammeln.

EXTRA REZEPTE

Desserts

Omas Beerenteller

Rezept für zwei Personen:

Je 100 g frische Himbeeren, Erdbeeren (eventuell Walderdbeeren) und Blaubeeren (Heidelbeeren).
Für das Fruchtmark: 100 g Himbeeren, 50 g Zucker.
Außerdem: 100 ml süße Sahne, 2 Kugeln Vanilleeis, Puderzucker zum Bestäuben

Die Beeren verlesen, eventuell kurz überbrausen und gut abtropfen lassen. Für das Fruchtmark die Himbeeren mit dem Zucker pürieren. Anschließend durch ein feines Sieb streichen. In zwei tiefe Teller jeweils etwas flüssige Sahne gießen. Dann die Beeren darauf anrichten. Je eine Kugel Vanilleeis hinzufügen und alles mit dem Fruchtpüree nappieren. Vor dem Servieren mit etwas Puderzucker bestäuben.

Schwarzkirschterrine auf weißer Schokosauce

Rezept für vier bis sechs Personen:

Für die Terrine: 7 Blatt rote Gelatine, 1 kg reife, aromatische Schwarzkirschen (gewaschen, entstielt und entsteint), 120 g Zucker, 10 ml Bittermandel-Essenz, Schale von 2 unbehandelten Orangen (fein abgerieben), 2 Stangen Zimt, 2 Gewürznelken, 50 g Pistazien, 8 cl Kirschlikör.
Für die Sauce: 80 g weiße Schokolade, 3 cl Kirschwasser, 80 ml süße Sahne (flüssig), 150 ml süße Sahne (steifgeschlagen).
Außerdem: geraspelte Schokolade oder Zitronenmelisse-Blättchen

Die Gelatine in kaltem Wasser einweichen und quellen lassen. Die Kirschen mit dem Zucker, der Bittermandel-Essenz, den Orangenschalen, den Zimtstangen und den Nelken weichkochen. Dann den Sud abseihen und Nelken und Zimtstangen entfernen. Anschließend den Kirschsud auf die Hälfte einkochen lassen. Die Gelatine ausdrücken und darin auflösen. Dann die Kirschen, die Pistazien und den Kirschlikör hinzufügen und unterrühren. In eine Terrinenform füllen und über Nacht im Kühlschrank fest werden lassen. Für die Sauce die Schokolade im Wasserbad schmelzen. Das Kirschwasser leicht anwärmen und unterrühren. Dann zuerst die flüssige und anschließend die steifgeschlagene Sahne untermischen. Die Terrinenform kurz in heißes Wasser tauchen und stürzen. In Scheiben schneiden und auf Tellern anrichten. Kurz vor dem Servieren die Kirschterrinenscheiben mit der Schokoladensauce nappieren und mit Schokoladenraspeln bestreuen oder mit Zitronenmelisse-Blättchen garnieren.

Tegernseer Schokoladenpudding

Rezept für vier Personen:

120 g Kuvertüre, 80 g Haselnüsse, 0,8 l Milch, 50 g Zucker, 1 Vanilleschote (aufgeschlitzt), 80 g Speisestärke, 2 Eier, 5 cl Weinbrand, 100 g Rumrosinen.
Außerdem: steifgeschlagene Sahne zum Garnieren

Die Kuvertüre fein hakken. Die Haselnüsse in einer beschichteten Pfanne ohne Fett rösten und schälen. Die Milch mit dem Zucker und der Vanilleschote zum Kochen bringen. Die Speisestärke mit etwas Wasser und den Eiern glattrühren. Unter ständigem Rühren in die Milch gießen und weiterrühren, bis der Pudding cremig wird. Dann die Vanilleschote herausfischen und die Kuvertüre, die Nüsse, den Weinbrand und die Rumrosinen unterrühren. Vier Puddingförmchen mit kaltem Wasser ausspülen und den noch heißen Pudding hineinfüllen. Erkalten lassen, dann stürzen und mit geschlagener Sahne garnieren.

Schmankerlcreme mit Kernobst-Kompott

Rezept für vier Personen:

3 Blatt helle Gelatine, 150 ml Milch, 1 Vanilleschote (aufgeschlitzt), 4 Eigelb, 50 g Zucker, 6 Trüffelpralinen (zerkleinert), 200 ml süße Sahne (steifgeschlagen).
Für das Kompott: ½ Golden Delicious, ½ Williams Christbirne, 1 Pfirsich, 1 Aprikose, 50 ml trockener Weißwein, 50 g Zucker, Saft von ½ Zitrone, 2 Gewürznelken, 1 Zimtstange

Die Gelatine in kaltem Wasser einweichen und quellen lassen. Die Milch mit der Vanilleschote einmal aufkochen. Die Eigelbe mit dem Zucker ganz schaumig rühren. Unter die kochendheiße Milch rühren und sofort vom Herd nehmen. Die Gelatine ausdrücken und darin auflösen. Dann die Pralinen untermischen. Die Masse in kaltem Wasser unter ständigem Rühren abkühlen lassen, bis sie zu gelieren beginnt. Die Sahne unterheben und die Creme sofort in Puddingförmchen füllen. 2 Stunden kühl stellen. Inzwischen das Kompott zubereiten. Den Apfel und die Birne schälen, entkernen und in feine Streifen oder dünne Spalten schneiden. Den Pfirsich und die Aprikose häuten, entsteinen und ebenfalls in Streifen oder Spalten schneiden. Den Wein mit dem Zucker, dem Zitronensaft und den Gewürzen kurz aufkochen. Dann das Obst hinzufügen, vom Herd nehmen und im Weinsud erkalten lassen. Die Schmankerlcreme auf Glasteller stürzen und mit dem Kompott servieren.

Tip:
Als sozusagen exotische Variante kann man die Schmankerlcreme auch mit einem Kompott aus verschiedenen Exoten servieren. Dafür halbierte Kiwischeiben, Mangospalten und Granatapfelkernchen im Weinsud erkalten lassen.

Kirschmichel mit Rumsauce

Zutaten für eine Springform mit 20 Zentimetern Durchmesser:

200 g Mürbeteig (Rezept siehe Seite 98), 130 g Butter, 130 g Zukker, 4 Eier (getrennt), 110 g helle Bisquitbrösel, 110 g gemahlene Haselnüsse, 400 g Kirschen (gewaschen, entstielt und entsteint), Puderzucker zum Bestäuben.
Für die Rumsauce:
150 ml süße Sahne, 30 g Puderzucker, 5 cl Rum.
Außerdem: Haselnußeis, Kirschen mit Stiel und Minzeblättchen

Mit dem Mürbeteig den Boden einer Springform auslegen. Die Butter mit der Hälfte des Zuckers und den Eigelben schaumig rühren. Das Eiweiß mit dem restlichen Zucker ganz steifschlagen. Dann die Buttermasse und den Eischnee vermischen. Die Bisquitbrösel und die Nüsse locker unterheben. Zuletzt die Kirschen unter die Masse rühren. Auf dem Mürbeteig verteilen und die Oberfläche glattstreichen. Im auf 200° vorgeheizten Backofen ca. 1 Stunde backen. Nach dem Erkalten mit Puderzucker bestäuben.
Für die Rumsauce die Sahne mit einem Schneebesen leicht anschlagen, bis sie eine saucenähnliche Konsistenz hat. Dann den Puderzucker und den Rum vorsichtig unterrühren. Mit der Rumsauce Spiegel auf große Teller gießen. Jeweils ein Stück Kuchen daraufsetzen. Mit je ein bis zwei Kugeln Haselnußeis, zwei Kirschen mit Stiel und ein paar Minzeblättchen, sozusagen als Kirschblätter, servieren.

Tip:
Wichtig: Immer frische oder selbst eingefrorene Kirschen verwenden. Kirschen aus Dosen oder Gläsern werden beim Backen in der Regel trocken.

VOM APERITIF BIS ZUM D

Wer sich eingehend mit Wein beschäftigt, merkt bald, daß das eine »Wissenschaft« ist, die zur Faszination werden kann. Mit Bier verhält es sich übrigens ebenso. Aber man muß — gottlob — nicht Wissenschaftler sein, um einen guten Tropfen einfach genießen zu können: ein Glas Champagner zum Beispiel. Kaum knallt der Korken, schon hebt sich die Stimmung. Woran liegt's? Ist's die Kohlensäure, die Seele des Champagners? Oder ist's der köstliche Geschmack? Wahrscheinlich beides — und bestimmt noch vieles mehr! Faszinierend ist auch die Kunst des Cocktail-Mixens, und eine feine Sache sind Aperitif und Digestif — natürlich passend zum Menu ausgewählt.

Anregender Auftakt: Der Aperitif

Neben Champagner, der sich ausgezeichnet als Aperitif eignet — pur, als Cocktail oder Kir —, gibt es viele Möglichkeiten, den Appetit der Gäste anzuregen.

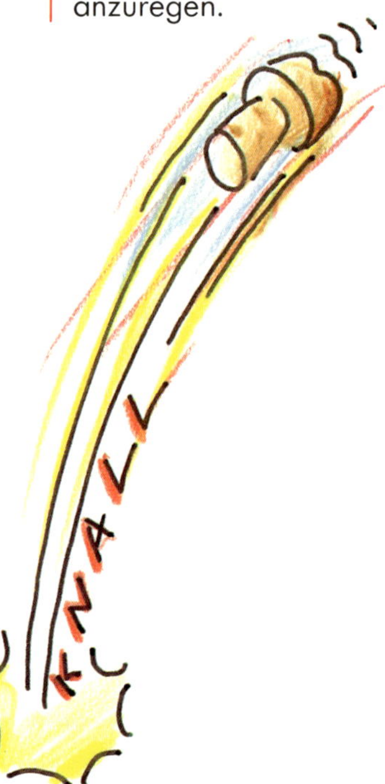

Wie wär's mit einem Aperitifwein?

Das sind herbe Weine, wie Sherry oder Portwein. Aber Vorsicht — sie haben einen hohen Alkoholgehalt. Seit neuestem werden auch halbtrockene Ausbruchsweine, Beeren- und Trockenbeerenauslesen (eigentlich klassische Dessertweine) als Aperitif serviert — dann aber leicht gekühlt.

Bevorzugen Sie einen Wermutwein?

Das sind die bekanntesten Aperitifs. Wermutweine werden gekühlt, mit Eis oder als Cocktail, z. B. »Martini dry«, angeboten.

Steht Ihnen der Sinn nach Bitters?

Das klassische Aperitifgetränk aus Italien, der Campari, wird üblicherweise pur, mit Soda oder Orangensaft serviert. Versuchen Sie's vielleicht auch einmal mit Grapefruitsaft — aus der Flasche oder frisch gepreßt — oder mit Bitter Lemon.

GESTIF

Lieben Sie sommerfrische Bowlen?

Frische Früchte der Saison werden dabei mit Rum oder Fruchtlikören, die zu den jeweiligen Früchten passen, angesetzt. Nach einigen Stunden werden sie mit leichtem Weißwein oder trockenem Sekt oder Champagner aufgefüllt.

Der Service von Aperitifs:

Zwei oder drei Getränke sollte man als Gastgeber immer vorschlagen — denn gerade bei den Aperitifs gehen die Geschmäcker stark auseinander. Für mehrere Gäste können die Aperitifs schon vorher vorbereitet und bereitgestellt werden. Sind nur wenige Gäste geladen, werden die Aperitifs am besten frisch zubereitet.

Krönung des Menus: Der Wein

Ein erlesenes Mahl ohne den passenden Wein? Das wäre wie eine Hochzeit ohne Musik, wie ein Zirkus ohne Zelt oder wie die Münchener Philharmoniker ohne Sergiu Celibidache. Der Wein muß sorgfältig ausgewählt werden und sein Charakter mit dem Geschmack der Speisen harmonieren. Gesetze lassen sich da schwer aufstellen, aber einige Richtlinien:

- junger Wein wird vor älterem Wein serviert, einfacher vor qualitativ besserem (aufsteigende Qualitätsfolge)
- leichter Wein vor schwerem Wein
- leichter Wein zu leichten Speisen
- kräftiger Wein zu kräftigen Speisen
- »kleiner« Wein zu einfachen Speisen
- »großer« Wein zu besonderen Speisen
- Weißwein vor Roséwein
- Roséwein vor Rotwein

VOM APERITIF BIS ZUM DIGESTIF

Von dem Grundsatz »Weißwein zu hellem Fleisch« und »Rotwein zu dunklem Fleisch« geht man immer mehr ab. Vielmehr kommt es darauf an, wie leicht oder schwer das Gericht insgesamt zubereitet ist.
Nachgeschenkt wird erst, wenn die Gläser leer oder fast leer sind. Selbstverständlich werden sie durch frische ersetzt, wenn die Weinsorte gewechselt wird.
Also dann: »Zum Wohl« oder »Prost« — ganz wie Sie wollen. Dem Sinn nach bedeutet beides das gleiche. Denn »Prost« — das heißt: »Es nütze«, was ja auch nichts anderes besagt, als »zum Wohl«.

So wird serviert

Weißwein
kann kellerkalt serviert werden — wenn er aus einem guten Weinkeller kommt. Ist der Wein aber zu warm, wird er einen Tag (nicht länger!) in den Kühlschrank gelegt. Tagelanges Stehenlassen im Kühlschrank schadet der Qualität des Weines! Noch abträglicher ist es für seinen Geschmack, wenn der Wein für kurze Zeit ins Tiefkühlfach kommt. Erlaubt ist es dagegen, die Flasche ein paar Minuten unter fließendes kaltes Wasser zu legen.
Bereiten Sie nun folgendes vor: einen Weinkühler, einen Unterteller, einige Stoff- und Papierservietten, einen Korkenzieher und ein scharfes Messer.
Vor dem Öffnen wird die Stanniolkapsel fein säuberlich etwa einen halben Zentimeter unter dem oberen Rand rundherum eingeritzt und ganz entfernt. Es genügt nicht, die Stanniolkapsel nur zum Teil abzuschneiden, um sie dann aufzuklappen; denn in diesem Fall kommt der Wein mit dem Stanniol in Berührung — der Geschmack ändert sich dadurch. Auch der Korkenzieher darf nicht zu weit hineingedreht werden; denn wenn er den Korken durchstößt, fallen kleine Stücke davon in den Wein.
Ist die Flasche entkorkt, wird der Flaschenrand mit einer Serviette gereinigt. Die Weinserviette wird schmal zusammengefaltet und die Flasche daraufgestellt. Die Enden der Weinserviette werden nun so hochgeschlagen, daß das Etikett nicht verdeckt wird.
Der Gastgeber übernimmt das Vorkosten und füllt dann die Gläser der Gäste (bei Weißwein etwa zu drei Vierteln).

Rotwein
wird wärmer als Weißwein serviert — also muß er, wenn er aus dem Weinkeller geholt wird, rechtzeitig in einen Raum gelegt werden, der die richtige Temperatur hat. Man nennt das »chambrieren«.
Die Rotweinflasche bekommt eine sogenannte Krawatte, eine Papierserviettenschleife, um den Flaschenhals.

Sie wird nicht in eine Weinserviette eingeschlagen, ansonsten aber ebenso geöffnet wie die Weißweinflasche. Nach dem Probeschluck füllt der Gastgeber die Gläser nur zu etwa zwei Dritteln, bei großen Gläsern nur zu einem Drittel.

Offener Wein

wird immer vor dem Servieren in einen Weinkrug oder eine Karaffe umgefüllt.

Harmonischer Abschluß: Der Digestif

Digestifs werden zum Mokka oder Kaffee gereicht — als Ausklang nach einem Essen oder Menu.

Edelbrände

»Eaux de Mies« aus Früchten, wie zum Beispiel Williamsbirnen oder Himbeeren, tun nach schweren Essen besonders gut; ebenso Tresterbrände (wie Grappa oder Marc).

Liköre

gibt's für jeden Geschmack: scharfe Kräuter- oder klare Gewürzliköre, Bitterliköre oder herbe Kakao- und Kaffeeliköre oder Eierliköre.

Weinbrand/Cognac

entfaltet sein volles Aroma und seinen besonderen, unverwechselbaren Duft, wenn er in großen Schwenkern serviert wird.

Calvados

wird am besten temperiert in kleinen Schwenkern angeboten oder in speziellen Calvados-Gläsern mit einem Glasdeckel.

Whisky

wird nach dem Herkunftsland unterschieden. »Scotch oder Bourbon?« — das ist hier die meistgestellte Frage. Da gibt es Liebhaber, die auf Scotch schwören — andere bevorzugen Bourbon. Ob pur oder eiskalt »on the rocks« — das ist ebenfalls eine reine Frage des Geschmacks.

Der Service von Digestifs:

Auch an Digestifs sollte man immer mehrere Varianten parat haben — und schließlich sind sie ja auch ohne große Vorbereitungen schnell serviert. Sie können auch nachmittags zum Kaffeeklatsch oder einfach zwischendurch angeboten werden.

Nicht vergessen: Wasser

Tagsüber und auch zum Essen ist und bleibt Wasser immer noch der beste Durstlöscher. Zu den Mahlzeiten empiehlt es sich, kohlensäurefreies Mineralwasser anzubieten.

Finni

Die Natur tischt auf

Was Feld, Wald und Garten bieten – servieren Sie die Gaben der Natur Ihren Gästen

Als Bub kam ich in den großen Ferien öfters zu Verwandten aufs Land – in die »Sommerfrische«, wie die feinen Leute die Erholung von der Stadt bezeichneten. Aber von Frische und Erholung in dem Sinn war für mich nicht die Rede; denn es war Erntezeit, und jeder, ob jung oder alt, mußte mit anpacken. Ich seh' mich noch in glühender Sommerhitze aus Ährenbündeln »Kornmanderl« bauen …

Heutzutage gibt's für vieles Maschinen, und so manchem ist das Gefühl unbekannt, das sich nach schweißtreibender Arbeit einstellt – und das sein Gutes hat: Der Respekt davor, was dem Boden an Ernte abgerungen wird, ist mir bis heute geblieben.

Und noch etwas: Trotz rundum verfeinerter Eßkultur, der ich in diesem Buch ja auch huldige, und bei allem Verständnis für Gourmet-Allüren, ist es oft das Einfache und Herzhafte, wonach man sich sehnt. Das geht nicht nur mir so. Es ist immer wieder eine Genugtuung für mich, wenn ich Gastgebern zur Abwechslung einmal ganz schlichte Gerichte vorschlagen kann, und diese gerne zustimmen.

Das Erntedankfest mit seiner religiösen Verbindung ist – auch außerhalb des Landlebens – ein wunderbarer Anlaß, sich zu besinnen und mit Freude zu feiern.

Strudel-Dreiklang: Millirahm, Apfel und Kirsch – (Rezept S. 99) natürlich mit Vanillesauce serviert

Meine Ideen

Am ersten Sonntag im Oktober wird das kirchliche Erntedankfest gefeiert. Es ist ein schöner Brauch, an der Weihe von Getreide, Früchten und Blumen teilzunehmen. Im Anschluß daran einen privaten Erntedank auszurichten, ist nur recht und obendrein traditionsgemäß. Feiern Sie also ein irdisch-fröhliches, ja rustikales Fest! Es gilt schließlich, »Bodenständiges« zu würdigen und das Erntegut — aus der heimatlichen Region und so naturbelassen wie möglich — auf den Tisch zu bringen.

»Freuderfüllter, Früchtebringer, viel beglückter Jahreskoch«, umjubelte eine Dichterin der Barockzeit den Oktober. Realistischer ausgedrückt: Mit allem, was es jetzt auf dem Markt gibt, kann man im Sinne des Erntedankfestes einen ganz einfachen Festschmaus ausrichten. Zum Beispiel mit Äpfeln — in allen Variationen zubereitet: Apfelmus oder Apfelkompott zu »Reiberdatschi« (Kartoffelpuffer), Äpfel süß eingelegt oder scharf (mit Paprika), Apfel-Kartoffel-Gratin, Apfel-Sellerie-Salat, und als Nachtisch Apfeldatschi (Rezept S. 98) oder Apfelküchеrl. Als Tischschmuck wirken — natürlich! — Berge von polierten Äpfeln (mit den Blättern) verschiedener Sorten ungemein gut. Das Essen ist gleichsam »eingerahmt«.

Dazu gleich eine andere Idee: Wenn Sie Ihren Gästen vielerlei Gemüsegerichte anbieten möchten, dann paßt ein Buffet besonderer Art: ein »Gemüsebeet« — angelegt mit aufgeschütteter Erde. Darin sind echte Gemüsepflanzen und -stauden mit ihren Früchten als Pendants zu den jeweiligen Gemüsespeisen eingepflanzt. Gibt es also Gerichte von frischen Bohnen, Rosenkohl, Kohlrabi, Brokkoliröschen (Rezept S. 115), Tomaten oder Gurken — bitte sehr: Jedem Gemüse ist das betreffende »Original« zugeordnet. An die zarte Blumenkohlspeise oder die leckeren Krautwickerl (Rezept S. 144) lehnen sich vielleicht auch die passenden »Köpfe« an, und bei Gerichten mit Steinpilzen oder Pfifferlingen werden für ein kleines Stilleben rechtzeitig einige Exemplare zurückbehalten. Das Ganze auf einer mit Rupfen bezogenen Tafel aufgebaut und gut arrangiert, ergibt ein großartiges, natürliches Bild.

Auf die gleiche Art können Sie auch einen »Kartoffelacker« anlegen: aufgebaut mit Erde und Kartoffelpflanzen sowie von vielen Sorten dieser Knolle umgeben — dazu gibt es diverse Kartoffelgerichte (Tips hierzu finden Sie unter dem Stichwort »Kartoffelbuffet« auf S. 166). Schwelgen kann man auch in vielerlei Brotsorten — bieten Sie Ihren Gästen zum Erntedankfest eine überraschende und köstliche Auswahl an: Soja-, Walnuß-, Sesam-, Holzofen-, Pinienkern-, Graham-, Mais- und Sonnenblumenbrot. Dunkles Brot wie Pumpernickel und auch Vollkornbrot sollte nicht fehlen. Wenn Sie dazu die Tafel mit Ährenbündeln von Weizen oder Roggen belegen, wird's ganz stimmig. (Das Getreide müßte nur rechtzeitig im Sommer besorgt und getrocknet werden). Als Brotaufstrich schlage ich vor: Landbutter (am besten direkt vom Bauern) und verschiedene Buttermischungen, zum Beispiel selbst zubereitete Kräuter- und Tomatenbutter, Sardellen- und Krebsbutter und auch Knoblauchbutter. Ebenso schmecken Griebenschmalz und Gänserilette auf frischem Brot einmalig. Stellen Sie noch eine Schüssel mit angemachtem Kräuterquark dazu und Schälchen mit feingehackten frischen Kräutern wie Schnittlauch, Kresse, Dill, Basilikum sowie feingewürfelte Zwiebeln, Tomaten- und Eischeiben.

Noch etwas: Ich behaupte freiweg — da ich in Bayern lebe —, daß auch Bier, der edle Hopfensaft, als Grundnahrungsmittel gilt. Ein Angebot, das also beim Erntedankfest nicht fehlen sollte: helles und dunkles Bier, Pils, Hefeweißbier — und als Tip: die »Schwarze Weiße« (ein dunkles Weizenbier von Löwenbräu). Ich garantiere: Es dreht sich dann leichter beim Erntetanz …

Am besten schmecken sie frisch gepflückt, die Früchte aus Wald und Garten – und am schönsten sehen sie in Körben oder bäuerlicher Keramik aus

Nach der Kartoffelernte: Hier sind die schmackhaften Feldfrüchte einmal als feines Gratin zubereitet – und einmal gebacken mit pikanter Kräuter-Quark-Füllung

Meine Tips

Die Ausschmückung eines Erntedankfestes kann so recht die Freude über den Anlaß zum Ausdruck bringen — mit dem schönsten Zubehör aus der Natur:

- Ein Strauß aus Getreideähren — Weizen, Hafer, Roggen (was Sie eben im Sommer sammeln konnten) — wirkt mit Blumen in kräftigen Farbtönen besonders hübsch und dekorativ.
- Früchte zuhauf, wie Äpfel, Birnen und Zwetschgen (möglichst noch mit Zweigen und Blättern und glänzend poliert), sind schon für sich ein ausreichender Tischschmuck.
- Ein gebundener Strohkranz, mit Feldrain-Blumen geschmückt, macht sich besonders prächtig auf einem Tisch, der mit rustikalem Stoff belegt ist (z. B. Bauernleinen, Rupfen oder Dekostoff aus Rips oder Krepp).
- Eine besondere »Tischdecke« kann Hafer- oder Weizenstreu sein. Entweder legt man eine ganze, passende Glasplatte darüber oder nur einzelne Glas-Sets (vom Glaser oval oder rechteckig zugeschnitten). Auf Korkscheiben gelegt, bleibt darunter noch Platz für ein Blumenarrangement, beispielsweise aus Astern oder Wicken, oder auch für einzelne gro-Ziersonnenblumen oder auch für einzelne große Blüten.
- Schön sehen auch mehrere, verschiedenartige Ähren auf dem Tisch aus, mit vereinzelt ausgestreuten Getreidekörnern. Kleine Schüsselchen mit geschälten Sonnenblumen-, Sesam- und Pinienkernen sowie angeröstetem Nackthafer dazwischengestellt, laden zum Naschen ein.
- In flachen, unterschiedlich großen Terracotta-Schalen kommen Gemüsearrangements am besten zur Wirkung. Zum Beispiel: Sonnengelbe Maiskolben neben orangeleuchtenden (aufgeschnittenen) Kürbissen oder Karottenbündel neben gelben und roten Paprikaschoten.

Gastgeschenke sind nach dem Erntedankfest eine sehr passende und nette Geste. Hier einige Vorschläge:

- Ein kleines Körbchen mit einem Leinentuch ausgelegt und mit roten polierten Äpfeln gefüllt.
- Ein Mini-Kartoffelsack mit einem Pfund »Erdäpfel« außergewöhnlicher Sorte und einem entsprechenden Küchengerät: einer Kartoffelreibe, einem -schäler oder -stampfer.
- Ein Glas mit Marmelade oder selbst eingemachten Früchten mit einer Widmung für den Gast auf dem Etikett.
- Eine kleine Milchkanne aus Blech, die mit frischer Landmilch gefüllt ist.
- Ein Keramiktöpfchen mit eingepflanzten Kräutern, zum Beispiel Dill, Petersilie, Basilikum, Zitronenmelisse, Thymian — oder einer kleinen Tomatenstaude, die Mini-Früchte trägt.
- Ein kleines Gebetbüchlein für den, der dieses Fest aus religiöser Sicht betrachtet.

Ob Ihre Gäste Äpfel knackigfrisch oder lieber in destillierter Form als »Calvados Calvador« genießen möchten? Lassen Sie sie wählen! Qualitätsmerkmal für beides: voll ausgereift, mild und aromatisch im Geschmack

ERNTEDANK

MEIN SPEZIELLES GEHEIMNIS

Greifen Sie zu einer kleinen List, wenn es gilt, Ihre Gäste auf Ihr Fest besonders einzustimmen: Bitten Sie sie um Mitwirkung. Das nützt ungemein, da diese sich sicher gern etwas einfallen lassen ... Beim Erntedankfest bitten Sie beispielsweise um ländliche Kleidung und als Mitbringsel — leihweise — um bäuerliches Handwerkszeug, weil sie es dringend zur »Ausstattung« brauchen: Sense, Sichel, Rechen — wer hat das schönste Stück aufgetrieben?

Tradition

Vorbei ist Müh und Plag / Heut ist der Erntetag. / Willkommen all, ihr Gäste / bei unserm hohen Feste! / Der Ernte ganze Pracht / froh uns entgegenlacht / im goldnen Ährenkranze. / Spielt auf, spielt auf zum Tanze! / Heut wollen wir fröhlich sein. / Des Segens uns erfreun / und dankend Gott laut loben / im hohen Himmel droben.
(Ein altes Bauernlied zum Erntedank)

Gemüseernte

Zu den delikaten Krautwickerln und dem überbackenen Lauch paßt ein eleganter Chardonnay, ein stiller Champagnerwein (großes Foto).

Krautwickerl in Zwiebel-Biersauce

Rezept für vier Personen:

1 kleiner Kopf Weißkraut (ca. 400 g), 3 altbackene Semmeln, $^1/_4$ l Milch, Salz, Pfeffer aus der Mühle, 1 große Gemüsezwiebel (geschält und feingewürfelt), 500 g grobes Schweinehackfleisch, 3 Eier, frischer Majoran und Petersilie (beides feingehackt), 1 Knoblauchzehe (geschält und durchgepreßt), Butter zum Braten und zum Ausfetten der Form.
Für die Zwiebel-Biersauce: 2 große Gemüsezwiebeln (geschält und in Scheiben geschnitten), 50 g Schweine- oder Entenschmalz, je 300 ml Rotwein, Malzbier und Kalbsbratensauce, gemahlener Kümmel, Senf, Balsamico-Essig

Die Semmeln 20 Minuten in der Milch einweichen. Inzwischen den Krautkopf in einzelne Blätter zerteilen und in kochendem

Salzwasser blanchieren, sofort in Eiswasser abschrecken. Dann jeweils die dicke Mittelrippe herausschneiden und die Blätter auf einem Küchentuch ausbreiten. Trockentupfen und mit Salz und Pfeffer würzen. Die Zwiebelwürfel in erhitzter Butter glasig dünsten. Das Hackfleisch mit den ausgedrückten Semmeln, der Zwiebel, den Eiern, den Kräutern und dem Knoblauch vermengen. Mit Salz und Pfeffer abschmecken. Die Masse auf den Krautblättern verteilen und diese zu Wickerln formen, zusammenstecken oder binden. Die Krautwickerl in eine ausgebutterte, feuerfeste Form setzen und im auf 200° vorgeheizten Backofen 30 bis 40 Minuten schmoren lassen.

Für die Sauce die Zwiebelscheiben im erhitzten Schmalz hellbraun braten. Dann mit dem Rotwein ablöschen und mit dem Malzbier und der Kalbsbratensauce aufgießen. Die Zwiebeln darin weichdünsten und die Flüssigkeit knapp auf die Hälfte einkochen lassen. Anschließend mit einem Passierstab fein pürieren. Mit Salz, Pfeffer, Kümmel, Senf und Balsamico-Essig würzen und abschmecken. Über die Krautwickerl gießen und alles noch 5 Minuten im Backofen ziehen lassen.

Wer mag, kann die Krautwickerl vor dem Servieren noch mit ausgelassenen Speckwürfeln und Schnittlauchröllchen bestreuen.

Getreideernte

Keine Erntedankfeier ohne Brot. Und kein Brot ohne Getreide. Ein schönes Bild, wenn beides zusammenkommt. Und ein perfektes, wenn das Geschirr dazu harmoniert (oben).

Übrigens:

Auch eine Kaffeetafel läßt sich gut im Sinne des Erntedankfestes ausrichten. Ein Mais- oder Karottenkuchen würdigt die Gemüseernte. Und Obstkuchen sind ganz nach der Jahreszeit ausgerichtet: Zwetschgendatschi, Apfel- und Preiselbeerkuchen, Mohnstrudel oder Hefezopf mit fünferlei Marmeladen und frischem Waldhonig. Hübsch sieht es aus, wenn Sie die Früchte »im Original« dazu drapieren.

EXTRA REZEPTE

Vorspeisen

Forellenfilets in Estragongelee mit Kaviarsahne

Rezept für vier Personen:

2 Forellen (filetiert und enthäutet).
Für den Fond: ½ l Wasser, ⅛ l trockener Weißwein, 1 Lorbeerblatt, je 3 Piment- und weiße Pfefferkörner, 1 Bund Estragon.
Außerdem: 8 Blatt helle Gelatine, Estragonessig, Salz, Pfeffer, Öl zum Braten, ½ TL Senfkörner.
Für die Kaviarsahne: 1 Becher Crème fraîche, 100 g Forellen-Kaviar, etwas Kerbel

Für den Fond das Wasser mit dem Wein, den Gewürzen, dem Estragon und den Fischresten 30 Minuten köcheln lassen, dabei auf ½ Liter reduzieren. Anschließend durch ein feines Sieb streichen. Die Gelatine in kaltem Wasser einweichen, quellen lassen, ausdrücken und im Fischfond auflösen. Den Fond leicht säuerlich mit Estragonessig abschmecken, dann abkühlen lassen. Inzwischen die Forellenfilets salzen, pfeffern und in erhitztem Öl vorsichtig braten. Ebenfalls abkühlen lassen. Anschließend in mundgerechte Stücke schneiden und zusammen mit den Senfkörnern in den kalten Fischfond geben. In kleine Förmchen füllen und über Nacht fest werden lassen. Für die Kaviarsahne die Crème fraîche mit dem Forellenkaviar und den abgezupften Kerbelblättchen locker verrühren. Das Forellen-Estragon-Gelee aus den Förmchen stürzen und mit der Kaviarsahne servieren.

Geräucherter Bachsaibling auf Spinat-Karotten-Salat

Rezept für vier Personen:

500 g junger Blattspinat, je 3 kleine Karotten und Sellerie, 8 geräucherte Bachsaibling- oder Forellenfilets.
Für das Dressing: 4 EL Sherry- oder Obstessig, 8 EL kaltgepreßtes Sonnenblumenöl, Salz, weißer Pfeffer aus der Mühle, 1 Prise Zucker.
Außerdem: 200 g geräuchertes Wammerl (durchwachsener Bauchspeck)

Den Spinat putzen, waschen und gut abtropfen lassen. Die Karotten und den Sellerie schälen, in dünne Scheiben schneiden und kurz blanchieren. Dann alles auf vier Tellern verteilen. Die geräucherten Fischfilets darauf anrichten. Den Sherry- oder Obstessig mit dem Öl verrühren. Mit Salz, Pfeffer und Zucker abschmecken. Die Salate damit überziehen. Das Wammerl in Würfel schneiden und in einer Pfanne auslassen. Zuletzt noch heiß über die Salate streuen. Sofort servieren.

Perlhuhn-Terrine mit Ingwersauce

Rezept für vier bis acht Personen:

200 g Perlhuhnfleisch (entsehnt und enthäutet), 100 g mageres Kalbfleisch, 100 g Perlhuhnleber, 300 g fetter Speck, Salz, Pfeffer, Pastetengewürz, weißer Portwein, ⅛ l süße Sahne (steifgeschlagen), 1 Bund Basilikum, 1 EL Pinienkerne, 200 g fetter Speck in dünnen Scheiben zum Auslegen der Terrinenform.
Für die Ingwersauce: Crème fraîche, frisch geraspelter Ingwer

Das Fleisch, die Leber und den Speck grob würfeln. Dann salzen, pfeffern, mit Pastetengewürz bestreuen und mit Portwein marinieren. Im Kühlschrank 1 Stunde durchziehen lassen. Anschließend im Mixer zu einer festen Masse verarbeiten.

Zuletzt die geschlagene Sahne, das feingehackte Basilikum und die Pinienkerne untermischen. Eine Terrinenform mit den Speckscheiben auslegen und die Masse darin verteilen. Dann im auf 180° vorgeheizten Backofen im Wasserbad 1 Stunde garziehen lassen. Anschließend über Nacht kühlstellen.
Für die Ingwersauce Crème fraîche mit geraspeltem Ingwer verrühren. Die Perlhuhn-Terrine aus der Form lösen, in Scheiben schneiden und mit der Ingwersauce servieren.
Tip:
Als Variante kann man die Perlhuhnfarce auch im Blätterteig zubereiten. Dafür die Masse auf ausgerollten Blätterteig geben und darin einschlagen. Im auf 230° vorgeheizten Backofen 20 Minuten backen. Lauwarm oder kalt in Scheiben geschnitten servieren.

Mousse von Geflügelfleisch

Rezept für vier Personen:

300 g gebratenes Geflügelfleisch ohne Haut, 150 g Gänselebercreme, ½ TL Pastetengewürz, ½ TL Ingwerpulver, 4 EL Kalbsjus, 100 g geklärte Butter, 100 ml Portwein, Salz, Pfeffer, 400 ml süße Sahne, Kresse oder Geflügelgelee zum Anrichten

Das Geflügelfleisch mit der Gänselebercreme, dem Pastetengewürz und dem Ingwer durch die feine Scheibe des Fleischwolfes drehen. Den Kalbsjus erwärmen. Die geklärte, noch warme Butter dazugeben und alles mit dem Schneebesen vorsichtig glattrühren. Dann mit dem Portwein, Salz und Pfeffer kräftig abschmecken. Zuerst die Geflügelmasse, dann die halbsteifgeschlagene Sahne vorsichtig unterheben. Die Masse in eine Schüssel füllen und im Kühlschrank 4 Stunden fest werden lassen. Anschließend Nocken abstechen. Mit Kresse oder gewürfeltem Geflügelgelee anrichten.

Forellenbäckchen-Sülze

Rezept für vier Personen:

500 g geräucherte Forellenbäckchen (gibt's im Feinkostgeschäft), 8 Blatt helle Gelatine, 1 kleine Salatgurke, 1 Bund Dill (feingehackt), ½ l Geflügelfond (gibt's fertig zu kaufen).
Für die Zitronenmayonnaise: 3 Eigelb, ½ TL mittelscharfer Senf, 400 ml kaltgepreßtes Sonnenblumenöl, Saft von 1 Zitrone, Worcestersauce

Die Gelatine in kaltem Wasser einweichen, quellen lassen und gut ausdrücken. Die Gurke halbieren, entkernen und in feine Streifen schneiden. Den Geflügelfond erhitzen und die Gelatine darin auflösen. Dann die übrigen Zutaten hinzufügen. In Förmchen füllen, 4 Stunden im Kühlschrank erstarren lassen.
Für die Zitronenmayonnaise die Eigelb mit dem Senf schaumig rühren. Dann nach und nach das Öl unterrühren. Zuletzt mit dem Zitronensaft und etwas Worcestersauce abschmecken. Zur Forellenbäckchen-Sülze reichen.

Riesengarnelen auf Artischocken-Carpaccio

Rezept für vier Personen:

16 Garnelen (geschält und gebraten), 16 Krevetten in der Schale, 4 gekochte Artischockenböden, Salz, Pfeffer, ½ Kopf Frisée-Salat, Olivenöl, Obstessig.
Für die Champagnersauce: ½ l Geflügelfond, ½ l süße Sahne, 4 cl Champagner, 100 g eiskalte Butter

Die Artischockenböden in möglichst dünne Scheiben schneiden. Auf vier Teller verteilen und mit Salz und Pfeffer würzen. Den Salat putzen, waschen und in mundgerechte Stücke zupfen. Mit Olivenöl und Obstessig anmachen. Dann auf den Artischokken verteilen.
Für die Champagnersauce den Geflügelfond mit der Sahne erhitzen und auf die Hälfte einkochen lassen. Den Champagner hinzufügen und die Soße mit der Butter aufmontieren. Die Garnelen und die Krevetten auf den Artischocken verteilen und mit der Champagnersauce beträufeln.

DELIKATES RICHTIG SERVI

Selbst versierte Hobbyköche wagen sich nicht so selbstverständlich an bestimmte Delikatessen. Die vermeintlich kompliziertere Handhabung, dazu die Unsicherheit, wie die Köstlichkeiten serviert werden — all das schreckt erst einmal ab. Dabei sind zum Beispiel Hummer oder Austern nicht schwieriger zu bereiten als mancher »normale« Fisch oder Braten — nur eben anders. Und oft muß nur einmal die Scheu überwunden werden. Das trifft übrigens auch bei anderen kulinarischen Genüssen zu. Auf eines sollten Sie gerade bei Delikatessen immer achten: nur frische und beste Qualität kaufen! Lieber nicht so oft schlemmen, dafür dann aber richtig ...

Hummer

Häufig wird der Hummer mit der Languste verwechselt. Sie sind jedoch eindeutig zu unterscheiden: Der Hummer hat große Scheren, die Languste hat keine — dafür aber lange Fühler. Gekocht und zubereitet werden sie allerdings auf dieselbe Art.

So wird Hummer zubereitet:

Der lebende Hummer kommt kopfüber in kochendes Salzwasser. Er ist dann sofort tot und wird, je nach Gewicht, 5 bis 15 Minuten gekocht. Anschließend läßt man ihn 10 bis 20 Minuten ziehen. Nach dem Kochen werden die Scheren am Körper abgedreht, Kopf und Schwanz mit einem scharfen Messer der Länge nach halbiert. Das kostet schon etwas Kraft, und so geht's am besten: Halten Sie das Tier mit der linken Hand fest (feuchtes Tuch unterlegen!), und setzen Sie das Messer etwa in der Mitte des Hummers an. Nun halbieren Sie ihn, indem Sie das Messer nach rechts in Richtung Kopf ziehen. Dann drehen Sie den Hummer um und halbieren ihn von der Mitte zum Schwanz. Die grünlichen Teile werden mit einem Löffel herausgenommen, die nicht eßbaren Teile hinter den Augen werden entfernt. Unterhalb der Schere werden beide Glieder abgedreht. Die Schere wird mit einem schweren Messer beidseitig angeschlagen, so daß ein Sprung entsteht.

So wird Hummer gegessen:

Ist der Hummer, wie oben beschrieben, in der Küche schon vorbereitet, haben's die Gäste leicht. Die einzelnen Teile werden von der Platte

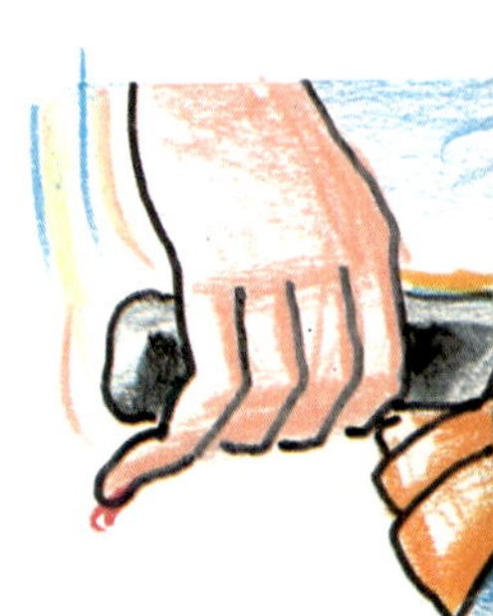

REN

genommen, und zwar zuerst die Schwanzflosse, dann die Scheren, die Arme und Beine. Das Hummerfleisch wird mit der Hummergabel ausgelöst. Bei Schalen und Scheren dürfen ruhig die Finger zu Hilfe genommen werden. Die Beine dürfen auch ausgesaugt werden (Fingerschalen!). Die großen Fleischstücke werden zwar ganz offiziell mit dem Fischbesteck gegessen — mit dem Fleischmesser geht's allerdings leichter.

Die drei klassischen Grundsaucen dazu: Mayonnaise, geschlagene Butter oder Cocktail-Sauce (Rezept S. 32).

Krebse

Krebse sind sie alle: Die, die im Meer leben — Hummer, Langusten, Garnelen (letztere werden bei uns verwirrenderweise oft auch Krabben genannt). Und die, die im Süßwasser vorkommen — am beliebtesten ist von diesen der Flußkrebs. Er schmeckt am besten in den Monaten ohne »r«, also von Mai bis August.

<u>So werden Krebse zubereitet:</u>

Die Krebse werden in kochendes Salzwasser gegeben, kochen 5 Minuten und ziehen nochmals 10 Minuten. Der Flußkrebs färbt sich dabei rot, und der Schwanz rollt sich nach innen. Aus dem Wasser herausgenommen, werden die Krebsschwänze mit einer drehenden Bewegung vom Körper getrennt. Man greift dann die mittlere Schwanzflosse, dreht sie ab und entfernt mit einem leichten Zug den anhängenden Darm. Das Schwanzstück wird dann vorsichtig aus den Schalen gelöst. Das Fleisch kann, je nach Rezept, auch weiterverarbeitet werden. Köstlich schmecken Krebse aber auch »à la nage« zubereitet. Man kocht sie in einem Sud aus Fischfond, Weißwein, Karotten, Schalotten, Petersilienwurzeln, Thymian, Dill und Lorbeerblättern. Die Krebse werden mit dem Sud, in einer großen Suppenterrine angerichtet, serviert.

<u>So werden Krebse gegessen:</u>

Die Krebse werden aus der Terrine genommen und auf den Suppenteller gelegt. Der Sud wird entweder extra in einer Suppentasse aufgetragen oder über den Krebs gegeben. Dann wird das Krebsfleisch, wie oben beschrieben,

DELIKATES RICHTIG SERVIEREN

ausgelöst. Ziel ist es, möglichst so gekonnt vorzugehen, daß nichts von dem köstlichen Fleisch und Saft zurückbleibt. Das Werkzeug: Alle zehn Finger (also wieder Fingerschalen bereitstellen) und als Hilfe eine meist zweizinkige Gabel und ein Messer, das in der Schneide ein Loch hat, um die Scheren besser aufbrechen zu können. Der Krebsfond wird dazu oder anschließend getrunken. Wichtig: Um sich vor den farbechten Spritzern zu schützen, die selbst geübte Krebsesser meist nicht vermeiden können, sollte jeder Gast eine große Extra-Serviette bekommen, um sie sich in den Ausschnitt zu stecken. Wer möchte, kann sich auch richtige »Krebslätzchen« nähen oder kaufen.

Austern

Austern-Fans schwören auf die Weichtiere mit der harten Schale. Und bestimmt nicht nur, weil sie sehr gesund und besonders leicht verdaulich, sondern für den, der ihren Geschmack schätzt, das Köstlichste überhaupt sind.

So werden Austern zubereitet und serviert:

Bürsten Sie sie unter fließendem Wasser gründlich ab. Zum Öffnen benötigen Sie ein Austernmesser. Dabei die Austern so halten, daß die flache Schale oben liegt. Damit Sie sich nicht an den scharfen Schalen verletzen, die Austern mit einem feuchten Tuch umfassen. Setzen Sie nun mit einem Austernbrecher, einem kurzen stumpfen Spezialmesser, an der spitzen Seite der Auster, dem »Scharnier«, an, schieben Sie es zwischen die Schalenhälften und öffnen Sie sie mit einem kräftigen Ruck. Trennen Sie mit dem Messer die Knorpelscheibe entlang der Schale durch, heben Sie die flache Schale an und legen Sie sie beiseite. Achten Sie darauf, daß Sie das Austernwasser in der Schale nicht verschütten, denn man schlürft es mit der

Auster aus. Trennen Sie mit einer Austerngabel ringsum die Eingeweide und den »Bart« ab, und fahren Sie dann mit der Gabel unter die Auster, um sie vom »Austernpunkt« zu befreien, mit dem sie an der Muschel festsitzt. Die Auster wird gewendet und in die gewölbte Schale zurückgelegt. Echte Austernliebhaber bevorzugen diese Delikatesse nur geöffnet und lösen sie sich selbst aus.

So werden Austern gegessen:

Man nimmt die Schale in die Hand, beträufelt das Fleisch mit Zitrone und schlürft die Austern mitsamt dem Austernwasser ein. Wem das nicht zusagt, der kann das Fleisch natürlich auch mit einem Gäbelchen essen. Austern können auch, statt mit Zitrone, mit anderen Saucen beträufelt werden – Kenner lehnen das allerdings strikt ab. Wie gesagt, das ist Geschmackssache. Auch hier wieder: Fingerschalen nicht vergessen.

Artischocken

In früheren Zeiten trauten sich wohlerzogene junge Mädchen nicht, Artischocken zu essen; denn das Gewächs war als Aphrodisiakum bekannt. Heute wird das an eine Distel erinnernde Gemüse mehr ob seiner vitaminreichen und appetitanregenden Eigenschaften gerühmt. Daher ist es eine ideale Vorspeise.

So werden Artischocken zubereitet:

Sie werden zuerst von den Stielansätzen am Boden befreit, die äußerste Blattreihe der Frucht wird entfernt und die übrigen Blattspitzen um je zwei Zentimeter gekürzt. Dann werden sie in Salzwasser zugedeckt etwa 30 bis 40 Minuten gekocht. Zu kalten Artischocken gibt's eine Sauce Vinaigrette, Kräuter- oder Frenchdressing, zu warmen paßt zerlassene Butter oder Sauce Hollandaise.

So werden Artischocken gegessen:

Von den Saucen nimmt sich jeder etwas auf seinen Teller. Gegessen werden nur die Schuppenblätter und der Blütenboden. Die Blätter werden – und zwar mit den Fingern – einzeln abgezupft und mit dem unteren fleischigen Teil in die Sauce getaucht. Dann streift man das Artischockenfleisch zwischen den Zähnen aus den Blättern. Die ungenießbaren Teile werden auf den bereitgestellten Abfallteller gelegt. Sind alle Blätter ausgelutscht, wird das sogenannte Heu, das sind die Blütenfäden über dem Fruchtboden, entfernt. Es erscheint das Beste, der Artischockenboden, der dann mit Messer und Gabel gegessen wird. Wichtig: Fingerschalen bereitstellen.

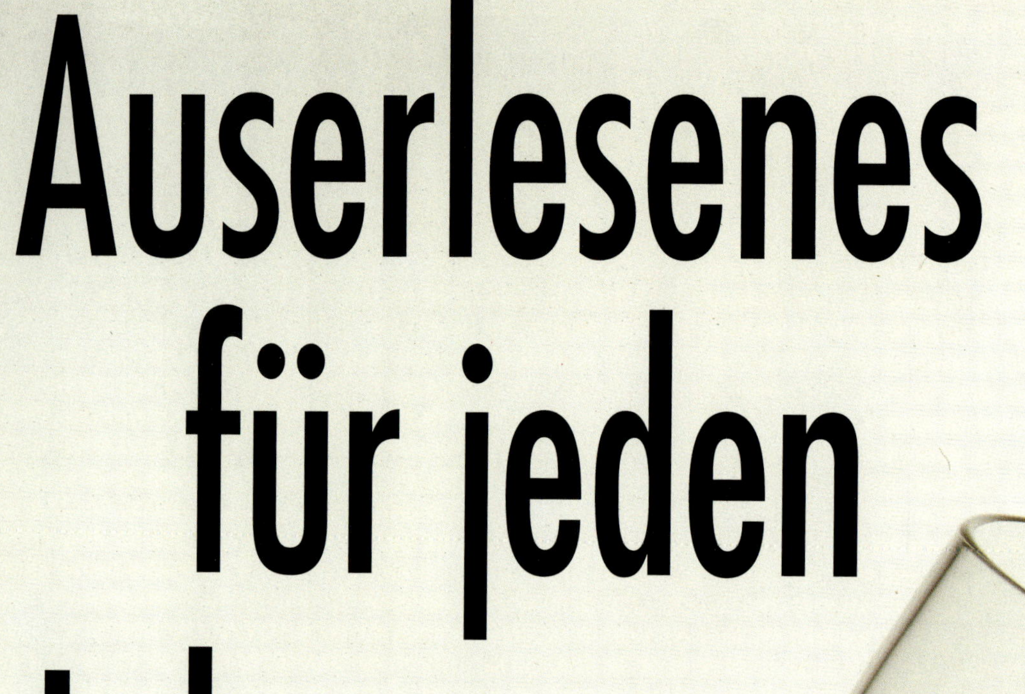

Auserlesenes für jeden Jahrgang

Ein Hoch auf Ihre Gäste. Kellerkultur in den eigenen vier Wänden – ein Fest mit Prädikat und Gütesiegel

WEINFEST

In einer der spannenden Geschichten des Schriftstellers Roald Dahl wird erzählt, wie sich ein berühmter Gourmet einer Weinprobe stellt. Aufgrund seines erlesenen Geschmackssinnes soll er Jahrgang und Anbaugebiet eines besonderen Rotweines herausfinden. Mit großem Vergnügen und kundigen Worten um die geschmacklichen Feinheiten des Weines macht sich der Geforderte daran, seine Kennerschaft zu beweisen. Geht es doch auch um eine hohe Wette: um die Hand der Tochter des Gastgebers.

Mit atemloser Spannung wird die Weinprobe von der Tischgesellschaft verfolgt, welche dann wie vom Donner gerührt die richtigen Angaben über den Wein vernimmt. Als sich jedoch gleich darauf herausstellt, daß der angeblich so honorige Weinkenner die bewußte Flasche zuvor schon heimlich im Arbeitszimmer des Hausherrn »inspiziert« hatte, liegt ein Mord in der Luft …

So gut die Geschichte ist: Ich möchte einmal anmerken, daß man eine Weinprobe, besser ein »Weinfest«, grundsätzlich nicht allzu ernst angehen sollte – sonst wird's gar noch »bierernst«! Wein gehört schließlich zu den Freuden des Lebens. Um es mit Goethe zu sagen: »Für Sorgen sorgt das liebe Leben, und Sorgenbrecher sind die Reben.«

Recht hat er!

Nach der Parade der guten Tropfen: die Präsentation des Käse-Buffets

CHATEAU
CARBONNIEUX
Grand Cru Classé de GRAVES
CHATEAU
DUCRU-BEAUCAILLOU
SAINTE MERE
ISIGNY

Meine Ideen

Anlässe, einen guten Tropfen zu trinken, gibt es sicher genug, und so manchem ist's zur kultivierten Liebhaberei geworden, sich mit Wein (und dem Wissen darum) zu befassen und ihn zu genießen. In Gesellschaft schmeckt der Wein aber doch am besten — Anlaß und Liebhaberei sind also zusammen ein ideales Motiv, ein Fest um den edlen Rebensaft zu veranstalten. Haben Sie keinen reich bestückten Weinkeller oder voll gefüllte Weinklimaschränke, dann ist der Weg zum Weinhändler, der Sie beraten und beliefern wird, ebenso gut. Und trefflich lassen sich Ablauf und Ambiente des Festes auf den gewählten Wein abstimmen.

Haben Sie vor, Ihren Gästen französischen Wein zu kredenzen — ja, dann: »Vive la France!« Der Tisch kann mit einer Trikolore bedeckt sein — mit einfachen Dekostoffen in den Farben der französischen Nationalflagge. Es gibt Baguettes und Speisen aus der Provence, beispielsweise eine Enten-Terrine (Rezept S. 160), oder Pasteten in schönen Keramikgefäßen. Chansons ertönen im Hintergrund, und die richtige Abrundung für Stimmung und Magen wäre ein »Calvados Calvador«, ein besonders edler Apfelbranntwein.

Möchten Sie mit Weinen aus Südtirol das »Törggelen« nachvollziehen, dann gehören zu dem ersten jungen Wein aus der Gegend (die mit Landschaftspostern demonstriert wird) auch die typischen lokalen Schmankerln: echter Südtiroler Bauernspeck, Vinschgauer Fladenbrot, geröstete Maroni und Walnüsse.

Zu italienischen Weinen macht sich als imposantes wie delikates Beiwerk ein original Parmesankäse sehr gut, der auf besondere Art vorbereitet ist: ausgehöhlt und wieder mit seinen Brocken (mundgerecht) gefüllt. Wie wär's mit einem Mandolinen- oder Gitarrenspieler, der »vino« und »amore« — live! — besingt? Als Abschluß, vielleicht nach dem Espresso, kann man noch einmal mit einem lekkeren Gag zum Wein zurückkommen: In Vin Santo, einer Weinspezialität süßerer Art aus der Toscana (z. B. »Santa Christina«) werden »Cantuccini« (ein Mandelgebäck) getunkt.

Sie bevorzugen deutsche Weine? Dann nehmen Sie diese doch mit ins tiefste Mittelalter. Dazu braucht's einen rustikalen Holztisch und Bänke. In Steingutkrügen und -bechern wird der Wein angeboten, dazu reicht man auf Zinnschalen verschiedene Brotsorten. Das Essen wird in großen Pfannen »handgerecht« serviert: Truthahnkeulen, Poulardenbrüste, Kaninchenschlegel, Ochsenrippen. Jeder Gast bekommt einen Schurz oder ein Tuch umgebunden, und die abgenagten Knochen kann er gleich hinter sich in einen alten Waschtrog werfen. Brokatstoffe, an den Wänden drapiert, könnten den rustikalen Charakter etwas »verfeinern« ...

Bei dem hier dargestellten Weinthema geht's in der Tat etwas feiner zu. Besonders edle Weine, schönes, passendes Geschirr, ein romantisches Kellergewölbe — das ist das klassische Ambiente! Dieses läßt sich aber auch auf etwas einfachere Art in einem leergeräumten Kellerraum herstellen. Ein langer Tisch (das können über leere Weinfässer gelegte Bretter sein) wird mit Weinlaub bedeckt oder mit Landkarten der dem angebotenen Wein entsprechenden Weinanbaugebiete (bekommt man über Weininstitute). Frische Weinreben sind als Tischschmuck vorgesehen, und Notenblätter (mit Texten »weinseliger« Lieder) liegen, wie zufällig hingeweht, dazwischen.

Weiße Kerzen sorgen für romantisches Licht. Ein paar wuchtige Körbe stehen in der Ecke des Raumes, wo traubenförmig zusammengebundene Bocksbeutelflaschen herunterhängen. Auch an den Wänden oder in einer Stellage deckenhoch gelagerte Weinflaschen haben ihre Wirkung, besonders wenn sie aus dem Hintergrund beleuchtet werden. Gestapelte Weinkisten eignen sich bestens als Buffetunterlage. Höchst dekorativ wären natürlich original

So ein pikanter ofenwarmer Lauchkuchen (Rezept S. 162) ist nach einer Weinprobe — bei der außer Brot meist nichts gegessen wird — oder während eines Weinfestes genau das Richtige. Und sei's nur darum, die Magennerven wieder zu beruhigen …

Eine ganz noble Einladung zu einem Weinabend: Von den zu erwartenden Köstlichkeiten wird eine Flasche mit handgemaltem Etikett bereits zum Vorkosten an den Gast versandt

Weinpressen oder Bütten, die man über ein Deko-Leasing-Geschäft oder den Weinhändler ausleihen kann. Wählen Sie dieses Ambiente für eine professionelle Weinprobe, dann müssen Sie für gutes Licht sorgen. Farbe und Klarheit des Weines will ja vor Geruch und Geschmack auch beurteilt werden. Und Profis wünschen ein »Spuckgefäß«, da sie nicht alles Probierte schlucken. Ein kleiner Holzbottich oder ein Champagnerkübel (mit Sägespänen) wäre die Lösung dafür. Wenn es keine »verdeckte« Weinprobe sein wird, dann stehen als einladender Anblick alle »Test-Flaschen« bereits auf dem Tisch, ebenso genügend Probiergläser (pro Testwein mindestens eines). Dazu gibt es in diesem Fall nur einfaches, ungewürztes Bauernbrot, um damit den Geschmack vor den einzelnen Proben zu neutralisieren. Wer möchte, bietet noch zusätzlich eine milde Käseauswahl und Butter (hübsch in Weinlaubform ausgestochen) und Tatar (angebraten und roh, jeweils zum Selberanrichten). Ein warmer Zwiebelkuchen, eine Mangold-Quiche oder eine deftige Suppe werden nach Beendigung der Weinprobe bestimmt begrüßt. Zuvor aber gilt heute wie im Mittelalter die Mahnung von Walther von der Vogelweide: »Der hat nicht wohl getrunken, der sich übertrinke …« Nun denn — der letzte Schluck auf sein Wohl!

Meine Tips

Der Umgang mit Wein hat ja strenge Regeln, aber einige davon einzuhalten, lohnt bestimmt:

- Kaufen Sie den Wein für Ihr Fest schon einige Zeit vorher ein. Nach dem Transport braucht er etwas Ruhe und sollte liegend gelagert werden.
- Die ideale Trinktemperatur ist bekanntermaßen unterschiedlich: Bei Rotweinen liegt sie bei ca. 16 bis 18 Grad Celsius (am besten im Keller temperieren lassen), bei Weißwein bei 10 bis 12 Grad Celsius (im Kühlschrank zu erreichen). Und Rosé schmeckt am besten bei 8 bis 10 Grad Celsius.
- Bei hochwertigen Rotweinen setzt sich manchmal »Depot« in der Flasche ab. Diese Weine sollte man vor dem Servieren in eine Karaffe umfüllen (»dekantieren«). So kann sich auch das Bukett gut entfalten.

Anlässe für ein Weinfest gibt es natürlich das ganze Jahr über:

- Im Frühjahr bieten sich junge deutsche Weine an. Sie sind vom Alkoholgehalt her nicht zu schwer, sehr bekömmlich und passen hervorragend zu Geflügel und den ersten frischen Gemüsen (Spargel!).
- Im Sommer sind die italienischen Weine — frisch, fruchtig und spritzig — einfach ideal zu kräftig gewürzten Grilladen.
- Im Herbst ist es verlockend, den ersten Jahrgang französischer Weine (bei einem Beaujolais-Primeur-Fest) zu genießen. Pasteten, Käse, Baguette und Schwarzbrot gehören dazu.
- Im Winter sind zu einem kräftigen Essen die gehaltvollen Weine aus Bordeaux und Burgund eine genußvolle Ergänzung.
- Ein Weinfest besonderer Art bietet sich im Lauf des Jahres zu einem feiernswerten Datum an: Ob Hochzeitstag, Geburtstag oder Jubiläum — angestoßen wird mit dem Jahrgangswein von »damals«.

Die Einladung zu einem Weinfest oder einer Weinprobe ehrt den Gast als »Kenner« und kann liebenswürdig betont sein:

- Ein Körbchen mit Weintrauben lädt mit angehängtem Kärtchen zu dem ein, »was daraus geworden ist«.
- Mit einer Kopie eines alten Gemäldes oder Stiches von Weinszenen lädt man zum »Bacchanal«.
- Zwischen einigen miteinander verbundenen Weinkorken hängen kleine Länder-Fähnchen, deren Beschriftung zum Umtrunk eines Weines aus dem betreffenden Land aufruft.
- Ein Büchlein über Weinkunde wird verschickt — mit dem augenzwinkernden Zusatz, das Wissen zuvor noch ein bißchen aufzufrischen.
- Ein einfaches Weinglas oder ein typisches Probiergläschen mit eingraviertem Namen des Gastes fordert mit einem darinsteckenden Kärtchen zum Füllen des Glases beim Fest auf.

Eine Zusammenstellung, die bei einem Weinfest immer einen kulinarischen Genuß garantiert: Pasteten, die mit einem edlen Rotwein serviert werden. Hier wird auch der optische Aspekt durch das Weinlaubdekor des Geschirrs besonders unterstrichen

MEIN SPEZIELLES GEHEIMNIS

Als Gastgeber kennt man natürlich »seinen« Wein, den man kredenzen wird — sei es durch eine kleine persönliche Weinprobe vorab, sei es durch fundiertes Wissen über Herkunft, Jahrgang, Anbau und Geschmacksbesonderheiten. Wenn Sie dieses Ihren Gästen vor dem Anstoßen mit dem guten Tropfen in einer launigen Ansprache vermitteln, regt das sicher auch zum »geistigen« Genießen an ...

Köstliche Dekoration

Weintrauben mit frischem Blattwerk sind die ideale Ausschmückung für Ihr Weinfest: auf Weinkisten arrangiert, an einer Schnur, mit Weinlaub umrankt, aufgehängt oder — natürlich auch zum Verspeisen — einfach auf dem Tisch ausgelegt.

Weine für Kenner und Liebhaber

Spitzenweine — wie hier aus Italien und Frankreich (großes Foto) — kann man sich problemlos über Weinhandelsgesellschaften schicken lassen oder in Weinhandlungen sowie in guten Delikatessengeschäften besorgen. Höchste Ansprüche erfüllt man gewiß mit klassischen Rotweinen, wie zum Beispiel dem 83er Tignanello und dem 85er Solaia-Antinori aus der Toscana oder dem 86er Château Carbonnieux, einem hochwertigen Weißwein aus dem Bordeaux-Gebiet. Einfache kleine Probiergläschen sind dann freilich verpönt. Es gibt sogenannte »Degustations-Gläser«, die so geformt sind, daß sowohl Rot- wie auch Weißwein geschmacklich optimal zur Geltung kommt.

Rustikale Enten-Terrine

Rezept für 10 Personen
bzw. für eine Pasteten-Form mit
$1\frac{1}{2}$ l Fassungsvermögen:

1 küchenfertige Ente mit der Leber (2—2,2 kg schwer), 40 g Entenleber, 300 g Schweinefleisch und 75 g frischer Speck (beides gewürfelt).
Zum Marinieren: 2—3 TL Pökelsalz, 2 TL Gewürzmischung für Landpasteten, 1 TL getrockneter Thymian, $\frac{1}{2}$ TL Pfeffer, je 4 cl Cognac und Heidelbeerlikör.
Außerdem: 1 EL bittere Orangenmarmelade, 75 g Pökelzunge (fein gewürfelt), 30 g gefüllte Oliven, 2 Eier, Salz, 300 g fetter Speck (in dünne Scheiben geschnitten), Orangenscheiben und Kräuter zum Garnieren

Die Ente häuten, dabei die Haut in möglichst großen Stücken entfernen. Dann das Fleisch von den Knochen lösen. Die Brüste so auslösen, daß sie ganz

bleiben. Das Entenfleisch, die Entenbrüste, die Lebern, das Schweinefleisch und den Speck mit den Gewürzen und dem Alkohol 2 bis 3 Stunden marinieren. Inzwischen mit den Knochen einen hellen Fond zubereiten und stark einkochen lassen. Die Entenhaut in einer Pfanne scharf anbraten. Dann in Streifen schneiden und auslassen. Anschließend das Fett abgießen. Die Entenhaut salzen und die Orangenmarmelade unterrühren. Die Entenbrüste aus der Marinade nehmen, abtupfen und auf beiden Seiten ebenfalls scharf anbraten. Abkühlen lassen. Für die Farce die übrigen marinierten Zutaten durch die feine Scheibe des Fleischwolfes drehen. Dann mit der Pökelzunge, den Oliven, den Eiern und dem Entenfond gut vermischen. Zuletzt nochmal abschmecken. Eine Terrinenform mit den Speckscheiben auslegen, dabei am Rand überstehen lassen. Die Hälfte der Farce hineinfüllen. Die Entenhaut darauf verteilen und die Entenbrüste hintereinander darauflegen. Dann die restliche Farce daraufgeben und glattstreichen. Mit dem überstehenden Speck zudekken. Im auf 150° vorgeheizten Backofen im heißen Wasserbad 60 bis 80 Minuten garen. Anschließend vollständig erkalten lassen. Vor dem Servieren mit Orangenscheiben und Kräutern garnieren.

Edler Gläserklang

Mit Rot- und Weißwein stößt man nicht an? Wenn es aber zur Stimmung und ins Bild paßt, ist jeder Gläserklang recht!

Übrigens:

Wenn Sie Ihr Weinfest mit einer richtigen Weinprobe verbinden möchten, dann ist eine gewisse Kennerschaft schon angesagt. Schließlich sollen die erfahrenen »Weinbeißer« unter Ihren Gästen nicht mit wenig harmonierenden Sorten und Jahrgängen irritiert werden. In eigener Sache darf ich verraten, daß gute Delikatessengeschäfte oder Weinhandlungen ihren Kunden auf Wunsch und ohne Kosten Fachleute zu einer Weinprobe ins Haus schicken – Kenner, die bestens erklären, bestimmen und vor allem schon vorab beraten können.

EXTRA REZEPTE

Pikante Kuchen

Lauchkuchen

Zutaten für eine Springform mit 26 Zentimetern Durchmesser:

1 Packung tiefgefrorener Blätterteig in Scheiben (300 g), Mehl zum Ausrollen, Fett für die Form.
Für die Füllung:
1 kg Lauch (geputzt, gewaschen und in dünne Ringe geschnitten), 100 g durchwachsener Räucherspeck (in feine Streifen geschnitten), ½ l saure Sahne, ¼ l Milch, 4 Eier, Salz, Pfeffer

Die aufgetauten Blätterteigplatten aufeinanderlegen und auf einer bemehlten Arbeitsfläche ca. zwei Millimeter dünn ausrollen. Eine leicht ausgefettete Form damit auskleiden, dabei einen etwa zwei Zentimeter hohen Rand formen. Den Lauch und den Speck gleichmäßig auf dem Teigboden verteilen. Die saure Sahne mit der Milch und den Eiern verquirlen. Mit Salz und Pfeffer würzen. Dann über den Lauch und den Speck gießen. Im auf 190° vorgeheizten Backofen 45 Minuten backen. Warm servieren.

Kleine Windbeutel mit pikanter Käsecreme

Für den Brandteig:
200 ml Milch oder Wasser, 50 g Butter, 1 Prise Salz, 100 g Mehl,
2–3 Eier, Butter und Mehl fürs Backblech.
Für die Käsecreme: 125 g Butter, 125 g Doppelrahm-Frischkäse,
1–2 Schalotten (geschält und feingerieben),
1 Knoblauchzehe (durchgepreßt), 1 Bund Schnittlauch (in ganz feine Röllchen geschnitten), Salz, Pfeffer aus der Mühle

Die Milch oder das Wasser mit der Butter und dem Salz zum Kochen bringen. Dann das Mehl hinzufügen und alles unter ständigem Rühren so lange abbrennen, bis sich der Teig als Kloß vom Topfboden löst. Dann vom Herd nehmen und die Eier einzeln unterrühren. Sobald der Teig glatt und glänzend ist, kein Ei mehr hinzufügen. Die Masse mit einem Spritzbeutel auf ein leicht gebuttertes und gut mit Mehl bestäubtes Backblech spritzen. Genügend Abstand zwischen dem Gespritzten lassen, weil der Teig beim Backen aufgeht. Im auf 220° vorgeheizten Backofen 30 bis 35 Minuten goldbraun backen. Noch heiß mit einem spitzen Messer einmal waagerecht halbieren. Auf einem Gitter abkühlen lassen.
Für die Käsecreme die Butter mit dem Frischkäse schaumig rühren. Dann die Schalotten, den Knoblauch und den Schnittlauch unterrühren. Mit Salz und Pfeffer abschmecken. Die erkalteten Windbeutel damit füllen. Bis zum Servieren kühl stellen.
Tip:
Aus der Brandteigmasse kann man auch kleine Knöpfchen für Suppeneinlagen spritzen. Sie passen besonders gut zu klaren Brühen. Tiefgefroren bleiben sie vier bis sechs Wochen frisch.

Würzige Käseplätzchen

150 g Mehl, 100 g geriebener Emmentaler Käse, 1 Msp. Backpulver, 1 Prise Salz, Pfeffer aus der Mühle, edelsüßer Paprika, 100 g Butter, 1 Ei.
Außerdem: 1–2 Eigelb zum Bestreichen, Mohn, Mandelblättchen, gehackte Haselnüsse oder Kümmel zum Bestreuen

Das Mehl mit dem Käse, dem Backpulver und den Gewürzen vermischen. Dann die kalte Butter in Stückchen und das Ei hinzufügen. Alles mit einem großen Messer so lange durchhacken, bis die Masse feinkrümelig ist. Dann mit den Händen rasch zu einem glatten Teig zusammenfügen. 1 Stunde kühl stellen. Anschließend einen halben Zentimeter dick ausrollen. Aus der Teigplatte runde Plätzchen mit drei Zentimetern Durchmesser ausstechen. Mit verquirltem Eigelb bestreichen und mit Mohn, Mandelblättchen, gehackten Haselnüssen oder Kümmel bestreuen. Im auf 180° vorgeheizten Backofen ca. 20 Minuten goldgelb backen.

Brennessel-Spinat-Kuchen

Zutaten für eine Springform mit 26 Zentimetern Durchmesser:

300 g tiefgekühlter Blätterteig, Mehl zum Ausrollen, 150 g Mangold oder Blattspinat, 150 g Brennnesselblätter-Spitzen.
Für den Guß: 200 ml Milch, 100 ml süße Sahne, 1 Ei, 40 g Mehl, 2 Eigelb, 40 g Butter (zerlassen und noch warm), Salz, Pfeffer aus der Mühle, Muskatnuß

Den Blätterteig auf einer bemehlten Arbeitsfläche drei Millimeter dick ausrollen. Den Boden einer Springform mit kaltem Wasser abspülen und die Form mit dem Teig auslegen, dabei einen zwei bis drei Zentimeter hohen Rand formen. Den Mangold oder Spinat und die Brennesselblätter-Spitzen in kochendem, leicht gesalzenem Wasser kurz blanchieren. Dann mit kaltem Wasser überbrausen, abtropfen lassen und fein hacken. Auf dem Blätterteigboden gleichmäßig verteilen. Für den Guß die Milch mit der Sahne, dem Ei, dem Mehl, den Eigelben und der Butter verquirlen. Mit Salz, Pfeffer und Muskatnuß würzen. Über das Gemüse gießen. Im auf 200° vorgeheizten Backofen ca. 45 Minuten backen. Warm servieren.

Tip:
Wichtig: Nur die zarten Triebe und die obersten drei bis vier Blättchen von jungen Brennesseln vor der Blüte verwenden. Die Brennesseln nie direkt am Straßenrand, sondern möglichst an abgelegenen Stellen pflücken.

Fränkischer Zwiebelkuchen

Zutaten für eine Springform mit 26 Zentimetern Durchmesser:

300 g tiefgekühlter Blätterteig, Mehl zum Ausrollen, 400 g Zwiebeln (geschält und in dünne Ringe geschnitten), 80 g Butter, 100 g durchwachsener Räucherspeck (gewürfelt).
Für den Guß: 300 ml Milch, 100 g Sauerrahm, 60 g Mehl, 1 Ei, 2 Eigelb, 1 Prise Salz, Pfeffer aus der Mühle, Muskatnuß.
Außerdem: Kümmel

Den Blätterteig auf einer bemehlten Arbeitsfläche drei Millimeter dick ausrollen. Einen Springformboden mit kaltem Wasser abspülen und die Form mit dem Teig auslegen, dabei einen zwei bis drei Zentimeter hohen Rand formen. Die Zwiebeln in der Butter weichdünsten. Den Speck hinzufügen und anrösten. Dann auf dem Blätterteigboden verteilen. Die Milch mit den übrigen Zutaten verrühren und würzen. Über die Zwiebeln und den Speck gießen. Dann mit Kümmel bestreuen. Im auf 200° vorgeheizten Backofen 35 bis 40 Minuten backen.

Feines Käsegebäck

1 Paket tiefgekühlter Blätterteig (450 g), Mehl zum Ausrollen, je 100 g geriebener Emmentaler Käse und Parmesan, 1—2 Eigelb zum Bestreichen, 1 Prise Salz, 100 g Walnußkernhälften

Den Blätterteig auf einer bemehlten Arbeitsfläche dünn ausrollen. Emmentaler Käse und Parmesan vermischen. Den Teig mit der Hälfte der Käsemischung bestreuen. Dann viermal zusammenschlagen und einen halben Zentimeter dick ausrollen. Mit einem spitzen Messer fünf Zentimeter große Quadrate ausschneiden. Auf ein mit kaltem Wasser abgespültes Backblech setzen. Das Eigelb mit dem Salz verquirlen und die Teigstücke damit bestreichen. Dann mit dem restlichen Käse bestreuen und mit den Walnußkernhälften garnieren. Im auf 200° vorgeheizten Backofen 15 bis 20 Minuten backen.

DAS BUFFET

Nichts läßt sich vielseitiger und abwechslungsreicher gestalten als ein Buffet. Und bei keiner anderen Art der Gästebewirtung kann man seine eigene Kreativität so gut mit einbringen. Immer beliebter ist das Buffet auch als Gesellschaftsspiel. Denn: plant und organisiert man ein Buffet richtig, kann man seine Gäste aktiv mit einbeziehen – was in der Regel für viel Heiterkeit und gute Laune sorgt. Der Abend läuft dann von selbst.

Erklären Sie Ihren Gästen gleich am Anfang, wie das Buffet geplant ist, welche Speisenfolge festgelegt wurde, und wo sie selber noch kreativ sein können oder müssen. Weil das Thema so vielschichtig ist, hier nur einige Anregungen und sicher interessante Hinweise. Natürlich können Sie sich auch von einem guten Party-Service vollendet verwöhnen lassen ...

Die Planung

Prinzipiell gilt für ein Buffet dieselbe Speisenfolge wie für ein Menu. Den Auftakt der »Endlos-Tafel« bilden verschiedene Brotsorten, die unterschiedlichsten Brötchen und diverse Buttermischungen — alles immer den angebotenen Gerichten angepaßt. Dann folgen die Vorspeisen, ein leichter Zwischengang — ab und zu läßt sich auch beides kombinieren — und der warme Hauptgang mit den entsprechenden Beilagen. Das Buffet wird durch eine Auswahl an verschiedenen Käsesorten und ein Dessertangebot abgerundet.

Das Angebot

Als Grundregel für ein modernes Buffet mit Menu-Charakter gilt heute, sich lieber auf ein kleines Angebot zu beschränken. Dies sollte dann allerdings perfekt zubereitet und präsentiert werden.

Die Vorspeise

Hier sollte man sich möglichst für eine Sache entscheiden. Also z. B. nur für Lachs, Schalen- und Krustentiere oder Wildpasteten mit den dazu passenden Saucen. Anders natürlich, wenn der Abend unter einem Motto steht, wie z. B. Italienische Nacht. Da bieten sich natürlich Antipasti als Vorspeise an.

- Lachsbuffet

Verschiedene Lachssorten (Balik Lachs, Balikfilet und Graved Lachs) werden mit Apfel-Meerrettich, Senf-Dill-Sauce und Limonen-Crème fraîche angerichtet. Dazu passen kleine Pellkartoffeln (als Folienkartoffeln gegart), Rösti oder Wilder Reis. Diese Beilagen kann man vorbereiten und warmhalten. Wenn's ganz nobel sein soll, kann man zusätzlich noch Kaviar — am besten schwarzen und Keta-Kaviar gemischt — mit dazustellen. Das passende Getränk ist eisgekühlter Sekt oder Champagner.

● Meeresfrüchtebuffet
Krabben, Garnelen, Scampi, Hummer und Langusten — bereits gekocht und ausgelöst gekauft — werden mit Cocktail-Sauce (Rezept S. 32), Basilikum- und Kerbelsauce, Dill-Vinaigrette und Limonensauce angerichtet. Man kann auch eine warme Brühe, z. B. einen Wurzelsud, mit aufs Buffet stellen. Dazu passen Chicoréespitzen und Friséesalat zum Anrichten der Speisen — beides kann ebenfalls in die Saucen gedippt werden — und Gemüsereis. Das entsprechende Getränk dazu ist trockener Weißwein, z. B. Chablis, Galestro oder ein Orvieto.

● Italienisches Antipasti-Buffet
Grissini mit Parmaschinken umwickelt und Feigen, Tomaten mit

Mozzarella und Basilikum, Vitello Tonnato, gekochte Artischocken mit Kräutern in Olivenöl und Zitronensaft eingelegt und gebratene Zucchini und Auberginenscheiben mit einer Rotwein-Schalotten-Vinaigrette — das sind nur einige Vorschläge, ein Antipasti-Buffet zu gestalten. Am besten ist eine Mischung aus selbst Zubereitetem und Gekauftem. Als Getränke bieten sich ein leichter Weiß- oder Rotwein aus der Toskana oder dem Piemont an.

Der warme Hauptgang

Die Speisenfolge sollte immer harmonisch aufeinander abgestimmt sein. Wer Antipasti als Vorspeise erhält, der erwartet auch Pasta oder etwas anderes, typisch Italienisches, als Hauptgang. Je nach Gericht(en) empfiehlt es sich, den Hauptgang nicht mit auf dem Buffet aufzubauen. Es macht zum Beispiel mehr Spaß — und das Essen bleibt vor allem heiß —, wenn man die Nudeln erst zusammen mit den Gästen kocht und die vorbereiteten Saucen nochmal kurz erhitzt. In diesem Fall sollten sich die Gäste auch in der Küche bedienen.

● Rustikales Buffet
Gebratene Flugenten mit Äpfeln, Zwiebeln und Majoran gefüllt, gehören genauso dazu wie gebratene Kalbshaxe mit Rosmarin, Spanferkel mit Altbiersauce und original Nürnberger Rostbratwürstel. Dazu passen Fingernudeln, kleine Knödel, Reiberdatschi mit warmen Apfelspalten, Champignons in Kräuterrahm und Apfel-Rotkraut. Das richtige Getränk ist Bier vom Faß.

● Pasta-Buffet
Zu verschiedenen, al dente gekochten Nudeln werden Sauce Bolognaise, Gorgonzolasauce, Steinpilzsauce, warme Pesto, Knoblauchsauce, Schinken-Sahne-Sauce und kaltgepreßtes Olivenöl aus der Toskana sowie ein großes Stück Parmesan, von dem sich jeder abhobeln kann, angeboten. Dazu reicht man noch Lachs- oder

DAS BUFFET

Steinpilzlasagne, mit Tomaten, Basilikum und Mozzarella überbackene Rigatoni, Gnocchi, aber auch Tortellini und Ravioli. Das passende Getränk ist ein leichter Weißwein oder Rotwein, z. B. ein Chianti oder Barolo.

● Kartoffelbuffet
Auf dem sogenannten Kartoffelacker gibt es Kartoffeln »satt«. Man sollte mindestens zehn bis zwölf verschiedene Kartoffelgerichte anbieten. Kartoffelstrudel, mit Lammragout gefüllte Kartoffeln, Folienkartoffeln mit Crème fraîche und Keta-Kaviar, Kartoffellasagne, Fingernudeln mit verschiedenen Saucen, Pellkartoffeln mit pikanten Quarkcremes, Sülzen mit Bratkartoffeln, Matjes mit Dillkartoffeln und Kräuterkartoffeln mit Wachtelspiegelei sind nur ein paar Anregungen. Als Getränk eignet sich Bier und Wein.

Der Käse

Ein Käsebuffet muß mit sehr viel Fingerspitzengefühl und dem richtigen »Riecher« zusammengestellt werden. Man kann es z. B. rustikal, italienisch-französisch, aber auch sortenbezogen mit diversen Beilagen gestalten.

● Rustikales Käsebuffet
Dafür eignen sich vor allem die bayrischen Käsespezialitäten wie Obatzda (Rezept Seite 115), Miesbachernockerl (einfach ganz reifen Miesbacher mit Butter und Schnittlauchröllchen verkneten und mit einem Eisportionierer Kugeln formen) und natürlich Emmentaler Käse (die Löcher mit Butter oder Kräutern füllen). Dazu passen Radieschen und »weinender« Rettich (Rettiche in dünne Scheiben schneiden, salzen und wieder in Rettichform aufeinandersetzen).

● Italienisch-französisches Käsebuffet
Hier ist es wichtig, jeweils eine Sorte von den verschiedenen Käsetypen anzubieten.
Hartkäse: z. B. Comte
Edelschimmelkäse: z. B. Roquefort oder Forme d'Ambert
Weißschimmelkäse: Brie de Meaux, Coulommiers oder Gaperon aus der Auvergne
Ziegen- oder Schafkäse: Pyramide, Sainte-Meure oder Caprini
Rotschmierkäse: Pont l'Eveque oder Livarot
Frischkäse: Ricotta oder Banon
Dazu passen Walnußkernhälften, Pistazien, Trauben und Apfelspalten.

● Sortenbezogenes Käsebuffet
Gut gekühlter Trüffelkäse wird z. B. mit Staudensellerie- und Apfeljulienne angerichtet. Dazu paßt warmes, mit Olivenöl beträufeltes sardisches Fladenbrot.

Der Aperitif

Ein Aperitif als Willkommensgruß bietet den Gästen die Möglichkeit, sich erst mal näherzukommen und lockert die Atmosphäre. Als

besonderen Gag kann man ihnen dazu noch Mini-Snacks servieren. Immer beliebt sind pikante Kuchen: eine Quiche in mundgerechte Stücke schneiden und auf kleinen Tellern mit Kuchengabeln anbieten. Für solche Mini-Portionen eignen sich auch kleine Reiberdatschi mit Lachs und Créme fraîche, mit Kaviar gefüllte Kartöffelchen, ein paar Bratkartoffelscheiben mit Preßsack belegt und Majoran bestreut, Semmelknödelchen mit Rahmpfifferlingen, kleine Blätterteigpasteten mit Scampi gefüllt — und vieles mehr. Bei Käfer werden so jedenfalls in kürzester Zeit sozusagen mundfertige Menus mit 10 bis 20 Gängen serviert.

Das Dessert

Nachspeisen sind sicher ein Kapitel für sich. Das Angebot ist riesig, und dementsprechend groß ist auch die Qual der Wahl. Besonders beliebt sind Dessertbuffets, bei denen der Gast selber noch was bestreuen, dippen oder aromatisieren kann.

- Waffelbuffet

Der Clou: Die Waffeln werden vor den Augen der Gäste frisch gebacken. Eine Auswahl an verschiedenen Likören, Fruchtmarks und -salaten, Eis und Sahne sowie gehackte Nüsse und Schokoladenraspel sorgen dann für das individuelle Topping. Diese Art der Dessertgestaltung läßt sich auch nur mit Eis, Rohrnudeln, Datschis — zu denen man z. B. auch unterschiedlich aromatisierte Sahne anbietet — und vielem mehr organisieren. Espresso, Cognac und »Geister« sowie Kleingebäck ergänzen das Dessertbuffet.

Die Präsentation

Die »künstlerische« Gestaltung eines Buffets und die darauf angebotenen Speisen sollten immer aufeinander abgestimmt sein.

- Ebenen und Blickfang

Man kann das Buffet auf einem großen runden, auf mehreren aneinandergestellten langen Tischen, im Garten oder in der Wohnung aufbauen. Wichtig ist, daß man die Speisen auf verschiedenen Ebenen anrichtet, damit Gast und Gastgeber den Überblick behalten. Dafür eignen sich stabile Holzkisten in unterschiedlichen Höhen, aber auch Rundlinge von Kiefern und Birken, Steine jeder Art, Styroporblöcke — und manchmal auch die verwendeten Produkte selbst. Außerdem sollte ein Blickfang nie fehlen. Das kann z. B. eine Pyramide aus gefüllten Sektschalen sein. Sie werden durch dazwischengelegte Glasscheiben gestützt.

Ein Bummel durch den Partyshop eröffnet auch immer wieder neue Möglichkeiten.

- Gestaltung

Ganz wichtig: Buffets sollte man nie überladen — das gilt auch für die Dekoration. Womit dekoriert wird, hängt vom Motto des Abends und dem persönlichen Geschmack ab. Hier nur ein Beispiel: Farblich aufeinander abgestimmte Murmeln, gelochte Lackbänder oder Tüllschleifen bieten sich für ein modernes Buffet an. Spiegel und einfache Glasplatten, worauf die Speisen angerichtet werden, ergänzen das Bild. Besondere Effekte kann man in diesem Fall noch mit Spots und dampfendem Trockeneis erzielen. Der optische und kulinarische Reiz eines Buffets ist nicht zuletzt von der individuellen Kreativität abhängig.

Halali mit Esprit

Dieses Fest wird ein Volltreffer: Auch Nicht-Waidmänner genießen das romantische Ambiente eines edlen Jagdfestes

Einladung
Einladung

Was ist das? Niemand wird es erwarten, niemand wird es verschmähen, dankbar wird's jeder aufnehmen und bestimmt nicht vergessen.

Nun, ganz einfach: eine gelungene Überraschung! Wie sehr ein Gastgeber seine Gäste schätzt, zeigt sich vor allem, wenn er sich etwas ganz Besonderes für sie einfallen läßt – sei's in punkto Essen, Ambiente oder Unterhaltung.

Andererseits: Auch ein Gastgeber läßt sich gerne überraschen. Mir ist einmal beides auf einen Streich gelungen, und zwar bei einer großen Jagdparty, die ich für zwei bekannte Industrielle ausrichtete.

Nach Empfang und Hörnerklang in einer großen, jagdlich geschmückten Scheune warteten die Gäste und die Veranstalter auf das, was noch kommen mußte: das Essen. Meine gestammelte Entschuldigung, daß damit wohl irgend etwas nicht geklappt habe, ließ die Gastgeber beinahe an die Decke gehen. Hätten sie's getan, wären sie auf meinen sorgsam vorbereiteten Gag gestoßen. Dort oben hing nämlich, von unten kaschiert und nicht erkennbar, an starken Trossen ... das Buffet! Höchst effektvoll wurde es schließlich als »Tischlein-deck-dich« heruntergelassen. Die Überraschung über das Gute, das wirklich einmal von oben kam, war komplett.

Übrigens: Das ist kein Jägerlatein!

Rustikal und elegant: Eine Mischung, die sich bei einer Jagdtafel gut verträgt

Meine Ideen

Damit gleich zu Anfang kein falscher Eindruck entsteht: Es geht mir gewiß nicht darum, nur den jagdlich ambitionierten Herrschaften unter meinen Lesern eine Jagdparty oder ein Wildessen im geselligen Kreis aufmunternd anzupreisen.

Auch wenn man nicht selbst auf die Pirsch geht, hat das »Halali« der Herbstzeit bestimmt seinen Anreiz: bei einer Wanderung durch den farbenprächtigen Wald oder beim Blick in das Schaufenster einer Wildhandlung zum Beispiel.

Animierend könnten sicher auch die treffenden Worte vom geistigen Oberhaupt aller Gourmets, Brillat-Savarin, sein. Dazu ein Zitat aus seinem Werk »Die Physiologie des Geschmacks«: »... das Wildbret gehört zu den größten Reizen der Tafel!« Wozu ich bescheiden anmerken möchte: »... und es ist ein Anreiz zum Tafeln!«

Also, auf geht's zur Jagd, zum jagdlichen Umtrieb, zum jagdlichen Essen — ganz wie Sie wollen! Und der damit verbundenen Romantik kann man auf jeden Fall Tribut zollen.

Es fängt schon bei der Einladung an (eine Kopie eines alten Jagdstiches eignet sich fabelhaft dafür), deren Beiwerk Ihre Gäste überraschen wird: ein Körbchen mit Pilzen, ein Buschen Latschen, eine kleine Taschenflasche mit Vogelbeerschnaps oder als Gag: mehrere ausgeschossene Patronenhülsen.

Wenn Sie in eine Jagdhütte einladen können, wo Ihre Gäste erst einmal, mit Rucksack und Proviant ausgestattet, hinwandern müssen, ist es natürlich besonders zünftig. Doch auch im privaten »Revier« können Sie ein jagdlich-romantisches Ambiente zaubern.

Das Zubehör: Alles, was der Wald hergibt! Für den Tischschmuck kann man beispielsweise schöne herbstliche Arrangements schaffen: mit vielerlei Tannengrün und prächtigem Eichenlaub, knorrigen Wurzeln, filigranen Gräsern, Waldblumen oder Beerenzweigen und mit Pilzen in einer Mooslandschaft. Toll wirkt's natürlich, wenn Sie den Fußboden vollkommen mit buntem Herbstlaub bedecken. Das ist problemlos, wenn Sie ihn vorher mit sogenannter Ackerfolie auslegen (gibt's in Schwarz und Weiß in Baumaterialiengeschäften). Doppelseitiges Klebeband hält die Bahnen zusammen und zudem unverrückbar auf dem Boden fest.

Ist Ihr Heim normalerweise nicht mit jagdlichem Zubehör bestückt, dann leihen Sie es sich doch einmal bei bekannten Jägersleuten aus, vielleicht auch bei einer Firma für Dekorations- oder Filmbedarf. Es ist sicher eine wirkliche Überraschung für Ihre Gäste, wenn Sie eine absolut stimmige Atmosphäre geschaffen haben — vielleicht schon mit einem großen rustikalen Tisch und einem Gobelin mit Jagdmotiven. Flinten, Gewehre, Jagdhörner und Geweihe ringsum schaffen zusätzlich zum Tischschmuck ein typisches »Feeling«. Ganz witzig sieht übrigens ein Garderobenständer aus, der wie ein richtiger Jäger ausgestattet ist — mit Mütze, Handschuhen, Janker, umgehängtem Gewehr und schweren Stiefeln. In dessen »Nachbarschaft« gibt es vielleicht gleich den Begrüßungsschluck, beispielsweise einen Heidelbeer-Cocktail »Diana« (Rezept S. 177). Jagdhornbläser, für einen Auftritt engagiert, heben natürlich die festliche Stimmung; die Jagdmusik kann aber auch »hintergründig« per Band oder Schallplatte dazu beitragen.

Und nun zu dem, was Sie auftischen können. Während der Jagdsaison ist das Angebot in den Wildhandlungen natürlich riesengroß, und genauso vielseitig sind die Zubereitungsmöglichkeiten. Hier deshalb nur eine beschränkte Auswahl an Vorschlägen: Immer wieder gerne gegessen wird eine gespickte Rehkeule mit Rotweinsauce (Rezept S. 176) — dazu sind Preiselbeeren und sautierte Pfifferlinge schon fast ein Muß! Fasane und Rebhühner sollte man nur mit Speck umwickelt im Ganzen braten. Zu beiden paßt eine leichte Wacholderrahm-Sauce. Perlhuhnbrüste sind mit Trüffel- oder Steinpilzsauce besonders beliebt. Etwas Deftiges ist ein Frischlingsrücken

Frische Luft macht durstig: Wie gut, wenn man nach dem sportlichen Einsatz in der Natur ein Ziel hat – und sei's eine Jagdhütte, wo es bayerisches Bier gibt

Natur körbeweise: Mit Eßkastanien, Haselnüssen, Walnüssen, mit Farnen, Moos und Zweigen schaffen Sie herbstliches Ambiente. Vielleicht kommt noch ein erlegtes Wild nach dem Halali dazu …

mit Pumpernickelkruste und Hagebutten-Sauce oder Hasengeschnetzeltes in Balsamico-Sauce (beide Rezepte S. 178/179). Das Fleisch für Ragouts und Schmorbraten sollte man übrigens am Vortag in Rotwein mit Gewürzen oder Buttermilch mit Kräutern einlegen. Es wird dadurch besonders zart.

Als Beilage zu Wildgerichten sind natürlich Pilze ideal – am besten schmecken sie sautiert oder in einer feinen Rahmsauce serviert. Zu Wild passen aber auch ausgezeichnet Eßkastanien – sowohl geröstet wie auch als Püree –, glacierter Rosenkohl, Selleriepüree mit untergemischten Croûtons oder Petersilienpüree aus Petersilienwurzeln und feingehackter Petersilie, geschabte Spätzle, Schupfnudeln, Brioche-Serviettenknödel, Kartoffelgratin und Champagner- oder Speckkraut. Als feine Ergänzung seien noch Multebeeren genannt – eine orangefarbene, herb schmeckende Beerensorte aus Skandinavien und Kanada.

Getrunken wird bei einem Wildessen in der Regel nur Rotwein – Bordeaux oder Burgunder sind zu empfehlen, aber auch gute italienische, spanische oder Aar-Weine. Zu zarten Braten passen aber auch trockene Roséweine hervorragend – aus dem badischen Raum oder aus der Provence.

Ein alter Jägervers sei dazu zitiert: »Zwei Dinge scheut das Jägerkind: schlechten Wein und schlechten Wind!« Letzterer kann einem zum Glück nun egal sein …

Meine Tips

<u>Die Tischordnung</u> bei einem Essen an mehreren Tischen können Sie auf originelle Art steuern: Geben Sie den Tischen Namen, beispielsweise »Fasanentisch« oder »Rotwildtisch«, worauf die Gäste schon beim Entrée hingewiesen werden. Wenn es dann an diesen Tischen tatsächlich die betreffenden Gerichte gibt, so ist das natürlich eine außergewöhnliche Aufmerksamkeit ...

Sie können Ihre Gäste aber auch mit Tischkärtchen besonderer Art an ihren Platz bitten:

- Kleine Schießscheiben werden mit dem Namen des Gastes versehen, und rundum in den Schießringen steht die Menufolge.
- Ein kleines Jagdmesser mit Hirschhorngriff und eingraviertem Namen des Gastes liegt beim Gedeck; die handgeschriebene Speisekarte ist daran wie ein »Paketanhänger« befestigt.
- Ein Glas mit eingeätztem Jagdmotiv und graviertem Namen des Gastes ist gleichzeitig ein Gastgeschenk.
- Ein kleines Glas mit eingemachten Preiselbeeren hat als Etikett ein Namensschild.

<u>Ein Jagdbuffet</u> läßt sich auch hervorragend nur mit kalten Gerichten zusammenstellen. Dazu reicht man am besten Holzofen-, Sonnenblumen-, Walnuß- und Speckbrot sowie frische Landbutter. Hier einige Vorschläge:

Vorspeisen:

- Marinierte Renken (Rezept S. 115)
- Geräucherte Bachsaiblinge mit Apfelmeerrettich
- Wildententerrine mit Ingwersauce
- Roulade von schottischem Wildlachs in Mangold auf Basilikumsauce

Salate:

- Feldsalat mit rosagebratener Hasenleber, Schinkencroûtons und Walnußöl-Dressing
- Mit Distelöl, Balsamico-Essig und Kräutern marinierte, gebratene Egerlinge, Austern- oder Steinpilze
- Streifen von Äpfeln und Staudensellerie sowie Orangenfilets mit Zitronensaft und geschlagener Sahne angemacht

Hauptspeisen:

- Schinken von Hirsch, Rentier oder Wildschwein mit Meerrettichspänen und geschrotetem Pfeffer oder Kamelschinken mit Dattelsenf
- Gebratener Hirschrücken mit Multebeeren und Sauce Cumberland
- Feldhasensülze mit Waldpilzgelee
- Gebratene Fasanenbrüstchen mit Weintrauben und glacierten Walnüssen

Desserts:

- Orangengrütze mit Grand Marnier-Sauce
- Preiselbeerparfait auf Haselnußsabayon
- Brombeer-Sauerrahm-Kuchen (Rezept S. 98)
- Apfelcrêpes mit Calvados-Sauce

Aus der Wildküche kommen die feinsten Rezepte. Wie wär's mit einer gespickten Rehkeule in Rotweinsauce und Beilagen wie sautierten Pfifferlingen und selbstgeschabten Spätzle? (Rezept S. 176)

MEIN SPEZIELLES GEHEIMNIS

Wenn Sie ein Essen geben und sich die Gäste untereinander nicht kennen, rate ich zu einem bereits erfolgreich angewendeten Trick: Jeder Gast bekommt Zettel zugesteckt, womit er kurz, witzig, aber taktvoll über Beruf, Hobbies und Eigenarten der Tischnachbarn links und rechts informiert wird. »Steife« Gespräche sind dann nicht mehr zu befürchten ...

Feine Vorspeise

Eine kräftige Brühe, wie die oben abgebildete Fasanenessenz, ist immer ein gelungener Auftakt für ein Wildessen. Man kann solche Essenzen auch mit anderem Wildgeflügel oder -fleisch herstellen. Die Zubereitung ist allerdings recht zeitaufwendig — deshalb wird sie sicher auch so gerne im Restaurant bestellt. Eine Alternative, die man gut selber zubereiten kann, sind feine Wildpasteten und -terrinen. Sie schmecken am besten mit Preiselbeersauce, Ingwersahne und Pfifferlingsrahm.

Gespickte Rehkeule mit Rotweinsauce

(Abbildung S. 174/175)

Rezept für sechs Personen:

1 Rehkeule (2—2,5 kg schwer, bratfertig zubereiten und Knochen und Sehnen mit einpacken lassen), 200 g fetter Speck (in feine Streifen geschnitten), Salz, Pfeffer aus der Mühle, 2 EL Pflanzenöl, je 1 Zwiebel, Karotte und kleine Sellerieknolle (geputzt und grob zerkleinert), 1 EL Tomatenmark, 0,2 l kräftiger Rotwein, 2—3 Wacholderbeeren, 1 Lorbeerblatt, ein paar Stengel Thymian, 2 EL Mehl, 200 ml Crème fraîche, frischgepreßter Zitronen- und Orangensaft, 200 g durchwachsener Räucherspeck (in dünne Scheiben geschnitten) zum Anrichten

Die Rehkeule mit den Speckstreifen spicken und mit Salz und Pfeffer würzen. Das Öl in einer Reine erhitzen und die Rehkeule darin rundum anbraten. Dann herausnehmen. Die kleingehackten Knochen und die Sehnen ins Bratfett geben und darin anrösten. Das Gemüse hinzufügen und 10 Minuten mitrösten. Dann das Tomatenmark dazugeben und kurz anziehen lassen. Mit der Hälfte des Wildfonds und dem Rotwein ablöschen und die Gewürze hinzufügen. Die angebratene Rehkeule auf die Knochen legen und in 40 bis 50 Minuten fertig garen. Dann her-

ausnehmen und warmstellen. Den restlichen Wildfond dazugießen und alles auf die Hälfte einkochen lassen. Anschließend durch ein Sieb gießen. Das Mehl mit der Crème fraîche verrühren und die Sauce damit binden. Mit Salz, Pfeffer, Zitronen- und Orangensaft abschmecken. Die Räucherspeckscheiben kroß braten und die Rehkeule damit anrichten. Mit der Rotweinsauce servieren. Dazu passen sautierte Pfifferlinge, kaltgeschlagene Preiselbeeren und in Weißwein mit Nelke und einem Stück Zimtstange gedünstete Birnenhälften sowie geschabte Spätzle.

Harmonie

Zum Ausklang schöner Stunden kommt Edles in die Gläser (links): Cognac »Hennessy Privilège« V.S.O.P. Fine Champagne und »Glenmoranie«, ein unverschnittener Malt-Whisky aus den schottischen Highlands.

Romantik

Eine treffliche Einladung (oben): Die dekorativen Schießscheiben — einfach kopiert, ausgemalt und beschriftet — mit echten Fasanenfedern und in jagdlich verzierten Umschlägen, stimmen den Gast gewiß richtig ein.

Heidelbeer-Cocktail »Diana«

Rezept für drei bis vier Personen:

100 g frische oder tiefgekühlte Waldheidelbeeren (im Mixer fein püriert),
8 cl Brombeerlikör, eisgekühlter Champagner.
Außerdem: Eiswürfel

Den Likör unter das Heidelbeermark rühren. Je einen Eiswürfel in drei bis vier Cocktailgläser geben. Dann die Gläser zu einem Drittel mit dem Fruchtmark füllen. Mit Champagner aufgießen.

Übrigens:

Eine witzige Idee für einen lustigen Einstieg Ihres Jagdfestes: Die Gäste müssen sich ihren Tisch »erschießen«. Auf einer Schießscheibe werden vorher die Kreise mit den Tischnummern beziffert. Der Kreis, den der Gast dann mit Pfeil und Bogen (oder Wurfpfeilen) trifft, weist ihm seinen Platz zu. Ist ein Tisch voll besetzt, wiederholt er die sportliche Übung einfach.

EXTRA REZEPTE

Wildgerichte

Alle Rezepte sind für vier Personen berechnet

Penne Rigate mit Wildschweinragout und Spitzmorcheln

1 kg Wildschweinfleisch aus der Keule, ½ l kräftiger italienischer Rotwein (z. B. Barolo), ein paar Pfefferkörner, getrockneter Thymian und Rosmarin, 1 Lorbeerblatt, 1 Stange Staudensellerie (in Scheibchen geschnitten), 4 EL Butter, 2 kleine Zwiebeln (geschält und gewürfelt), 100 g Wammerl (gekochter Bauchspeck, in Würfel geschnitten), Salz, Pfeffer aus der Mühle, 100 g getrocknete Spitzmorcheln, 1 EL Mehl, 200 ml süße Sahne, 1 Bund glatte Petersilie (grobgehackt). Außerdem: 500 g Penne Rigate (italienische Hohlnudeln, in reichlich Salzwasser bißfest gegart)

Das Wildschweinfleisch in kleine Würfel schneiden. Mit dem Rotwein, den Pfefferkörnern, Thymian und Rosmarin, dem Lorbeerblatt und dem Staudensellerie über Nacht marinieren. Anschließend aus der Marinade nehmen und gut abtropfen lassen. 3 Eßlöffel Butter in einem großen Topf erhitzen. Die Zwiebeln und den Bauchspeck darin glasig braten. Dann das Wildschweinfleisch hinzufügen und bei starker Hitze rundum anbraten, bis es zu bräunen beginnt. Mit Salz und Pfeffer würzen. Die Rotweinmarinade nach und nach dazugießen und das Fleisch zugedeckt ca. 2 Stunden schmoren lassen. Inzwischen die Morcheln in Wasser einweichen, dann putzen und waschen, bis sie sandfrei sind. Das Einweichwasser durch eine Filtertüte gießen. 1 Eßlöffel Butter erhitzen und das Mehl darin anschwitzen. Das Wildschweinragout damit binden. Dann die Morcheln mit dem Einweichwasser hinzufügen und 5 Minuten mitköcheln lassen. Das Ragout zuletzt mit Salz und Pfeffer abschmecken, mit der Sahne verfeinern und mit der Petersilie bestreuen. Mit den Penne Rigate servieren.

Frischlingsrücken mit Pumpernickelkruste

2 kg Frischlingsrücken (vom Metzger bratfertig zubereiten und Knochen und Sehnen mit einpakken lassen), Salz, Pfeffer aus der Mühle, Senfkörner (grob zerstoßen), 2 EL Pflanzenöl, je 50 g Zwiebel, Karotte und Sellerie (geputzt und gewürfelt), 20 g Tomatenmark, 6 Wacholderbeeren, ¼ l Rotwein, ½ l Wildfond (gibt's fertig zu kaufen). Für die Pumpernickelkruste: 150 g geriebener Pumpernickel, 4 Eigelb, 1 Bund Petersilie (feingehackt), frischer Thymian. Außerdem: 1 EL Speisestärke, 2 cl Rotwein, 3 EL Hagebuttenmark (gibt's im Feinkostgeschäft), 1 EL Rotweinessig

Den Frischlingsrücken mit Salz, Pfeffer und den Senfkörnern gut einreiben. Das Öl in einer Pfanne erhitzen und den Frischlingsrücken darin rundum anbraten. Dann herausnehmen. Die kleingehackten Knochen und Sehnenteile in die Pfanne geben und kurz rösten. Das Gemüse hinzufügen und mitrösten. Das Tomatenmark und die Wacholderbeeren unterrühren. Dann mit dem Rotwein ablöschen und den Wildfond zugießen. Auf die Hälfte einkochen lassen. Anschließend durch ein Haarsieb gießen und beiseite stellen. Den Frischlingsrücken auf den Knochen im auf 220° vorgeheizten Backofen 20 bis 25 Minuten fast fertig garen. Inzwischen die Pumpernickelmasse zubereiten. Dafür den geriebenen Pumpernickel mit den Eigelben und der gehackten Petersilie vermengen. Mit Salz, Pfeffer und etwas Thymian würzen und abschmecken. Den fast fertig gegarten Frischlingsrücken 1 Zentimeter dick damit bestreichen, dann im Backofen ca. 5 Minuten überbacken. Die Speisestärke mit dem Rotwein anrühren. Den passierten Wildschweinfond erhitzen und damit binden. Das Hagebuttenmark unterrühren und die Sauce mit Salz, Pfeffer und dem Rotweinessig abschmecken. Zum Frischlingsrücken servieren.

Rehpastete im Blätterteig

125 g Rehfleisch aus der Keule oder Schulter (entsehnt), 75 g Schweinefleisch, 75 g fetter Speck, 40 g Räucherwammerl (Bauchspeck gekocht und geräuchert), 75 g Geflügelleber, ½ Apfel (geschält und gedünstet), ½ EL grüne Pfefferkörner, je 100 ml Cognac, Port- und Rotwein, 1 Eigelb, 100 g gekochter Schinken (fein gewürfelt), 50 g Pistazien (gehackt), 100 g Pilze nach Saison (blättrig geschnitten und gedünstet), Salz, Pfeffer aus der Mühle, je 1 Msp. Thymian, Majoran, Wacholderbeere (fein gehackt).
Außerdem: 1 Päckchen tiefgefrorener Blätterteig in Scheiben (300 g), 1 Eigelb

Fleisch, Speck, Leber und Apfel mit den Pfefferkörnern, dem Cognac, Port- und Rotwein ca. 2 Stunden marinieren. Dann aus der Marinade nehmen und im Mixer zerkleinern. Mit dem Eigelb binden. Den Schinken, die Pistazien und die Pilze untermischen und die Masse mit Salz, Pfeffer, Majoran und Wacholderbeere abschmecken. Die angetauten Blätterteigscheiben dünn ausrollen. Dann mit Eigelb bestreichen und je ein Viertel von der Fleischmasse daraufgeben. Den Blätterteig einschlagen und die Ränder mit einem Teigrädchen zurechtschneiden. Im auf 250° vorgeheizten Backofen 15 Minuten backen.

Tip:
Am besten paßt dazu eine Wild-Sahne-Sauce, in der man frische Preiselbeeren kurz miterhitzt. Als Beilage bieten sich sautierte Pfifferlinge an.

Hasengeschnetzeltes in Balsamico-Sauce

2 Hasenrücken (die »Filets« vom Metzger auslösen und die Knochen mit einpacken lassen), je 1 Karotte, Lauchstange und kleine Sellerieknolle (geputzt und grob gewürfelt), 1 Zwiebel (ungeschält halbiert), ½ l Rotwein, ½ l Wildfond, 1 Kräutersträußchen, 2 Lorbeerblätter, Salz, Pfeffer aus der Mühle, Aceto Balsamico, 100 g kalte Butter, Pflanzenöl.
Außerdem: 200 g Pfifferlinge, Butter zum Braten

Die Filets entsehnen und in Streifen schneiden. Die gehackten Knochen mit den Sehnen in wenig Pflanzenöl anrösten. Das Gemüse und die Zwiebel hinzufügen und kurz mitrösten. Mit dem Wein und dem Wildfond ablöschen. Das Kräutersträußchen und die Lorbeerblätter dazugeben. Dann die Flüssigkeit auf ein Drittel einkochen lassen. Anschließend durch ein Sieb passieren und mit Salz, Pfeffer und einem Spritzer Aceto Balsamico abschmecken. Zuletzt mit 80 g Butter aufmontieren. Die restliche Butter mit etwas Pflanzenöl erhitzen und die Hasenfiletstreifen kurz darin anbraten. Mit Salz und Pfeffer würzen, dann die Balsamico-Sauce hinzufügen und alles vermischen und noch mal kurz erhitzen. Die geputzten Pfifferlinge kurz anbraten und mit etwas Salz würzen. Das Hasengeschnetzelte mit den Pfifferlingen bestreut servieren. Dazu passen Kartoffelküchlein und Rosenkohl oder Brokkoli.

Tip:
Für das Gelingen der Sauce ist das Alter des Balsamessigs entscheidend. Je länger er im Holzfaß gereift ist, desto intensiver sind Farbe und Aroma.

EINFÄLLE FÜR AUSGEFALL

Wer würde sich nicht freuen über den Ruf, ein Gastgeber gelungener Feste zu sein? Dabei aber immer nur auf den Zufall zu setzen, daß die Gäste bestens gelaunt und spaßig aufgelegt sein werden – diese Hoffnung kann trügen. Besser ist es da bestimmt, dem Zufall etwas nachzuhelfen; denn so richtig amüsant kann eine Party normalerweise nur dann verlaufen, wenn Sie sich als Gastgeber auch etwas Originelles einfallen lassen.

Wie wär's einmal mit ganz ausgefallenen Einladungen, für Feste ohne Anlaß, dafür aber mit witzigem Ambiente?

Surprise-Party

Schenken Sie doch Ihrer Freundin/Frau, Ihrem Freund/Mann ein Fest. Und da Geschenke immer am schönsten sind, wenn damit eine Überraschung verbunden ist, wird alles heimlich vorbereitet. Sie können entweder einen Party-Service beauftragen, der kommt dann an dem betreffenden Abend und bringt alles mit: Speisen, Getränke, Geschirr und Gläser. Oder Sie sprechen sich mit Freunden ab – dann bringt der eine den Wein mit, der andere die Salate und der dritte Gebratenes mit verschiedenen vorbereiteten Saucen. Sie können den Beschenkten auch unter einem Vorwand aus dem Haus locken – bei der Rückkehr sind dann alle schon da. Oder Sie laden ihre/seine besten Freunde in das Stammlokal ein – natürlich auch so, daß die Hauptperson bis zum großen Hallo ahnungslos bleibt.

Hobbygärtner-Party

Bei den ersten Sonnenstrahlen, die ins Freie locken, können Sie Ihren Garten zum Mittelpunkt eines »Garten-Treffens« machen. Stellen Sie Erde, Pflanzen, Samen und Werkzeuge bereit. Bestimmt macht es vielen, die selbst keinen Garten haben, Spaß, Blumen und Sträucher zu pflanzen. Vielleicht bringen einige dazu auch ihre Balkonkästen mit. Zu trinken gibt's bei der Gärtner-Party zum Empfang einen Rosen-Cocktail (das Rezept dazu finden Sie auf Seite 81) und später frisches Faßbier. Für den Hunger stehen verschiedene Wurstsalate bereit: Lyoner-, Ochsenmaul-, Kalbshaxen-, Stadtwurst-, Kalbszüngerl- und Rindfleischsalat, sauer eingelegter schwarzer und weißer Preßsack – dazu gibt es nur (Sesam-)Brot und Butter.

NE FESTE

Renovierungs-Party

Verbinden Sie das Angenehme mit dem Nützlichen, und bitten Sie Freunde zur »Renovierungs-Party«. Gleich bei der Einladung gibt es für alle einen Pinsel oder eine Kelle. Alle Gäste sollen in Handwerkerkluft kommen, denn es gibt wirklich etwas zu tun: Ein leergeräumtes Zimmer muß gestrichen oder tapeziert werden. Damit es richtig zünftig wird, bieten Sie eine kräftige Brotzeit an, mit hartgekochten Eiern und Gurken und vielleicht einen kalten Braten mit Bauernbrot. Dazu gibt's ein Faß Bier oder Flaschenbier und eine große Flasche Korn oder Obstler.

Tauf-Party

Passen Sie sich dem Ereignis an: Zu einer »ganz anderen« Tauf-Party gibt es den Cocktail deshalb in Babyfläschchen (dazu die Trinköffnung vergrößern) und die Speisen in Babykostgläschen. Auch der Tisch ist mit Spielzeug dekoriert, die Speisekarte steht auf einem Lätzchen.

Treppenhaus-Party

Haben Sie ein besonders schönes Treppenhaus? Dann bietet es sich an, dort zu feiern. Am besten, Sie laden alle Hausbewohner mit ein.

Was Sie brauchen: Ganz viele Polster für die Treppen. Bieten Sie nur Wein, Käse und Sonnenblumenbrot an, vielleicht noch eine grobe Leberwurst. Essen und Trinken gibt's auf verschiedenen Stockwerken, dann sind Ihre Partygäste beschäftigt und gezwungen, herumzuwandern — das fördert die Kommunikation.

EINFÄLLE FÜR AUSGEFALLENE FESTE

Acid-Party

Eine »Acid-House-Party« oder eine »Independent-Party« — das ist genau das Richtige für junge Leute. Das Charakteristische daran: Der Gastgeber organisiert eigentlich nur den Veranstaltungsort: ein Loft, eine Scheune, eine leerstehende Fabrikhalle oder ein altes Theater — und den Diskjockey. Denn die Musik ist mit das Wichtigste bei dieser gegenwärtig sehr beliebten Art, zu feiern. Getränke werden verkauft und das Essen bringt jeder selbst mit, meist nur ganz einfache Sachen wie Sandwiches, belegte Brote. Der Vorteil daran: Selbst bei sehr vielen Gästen halten sich die Kosten für solch ein Fest in Grenzen.

Urlaubs-Party

Jeder Ihrer Gäste muß zur Urlaubs-Party ein typisches Gericht aus seinem jüngst besuchten Urlaubsland mitbringen. Das kann eine interessante Kombination werden: französische Suppe, asiatisches Hauptgericht und italienisches Dessert — als Gastgeber sollten Sie aber zuvor die Koordination übernehmen.

Spezial-Essens-Party

Das Besondere an diesem Fest: Sie suchen sich eine bestimmte Speise aus und bieten diese in vielen außergewöhnlichen Variationen an.

Zum Beispiel: Reis

Da gibt es dann unterschiedliche Sorten: weißen, braunen, roten, dazu noch wilden Reis. Verwenden Sie verschiedene Gewürze: Safran und Curry, Peperoni und Paprika. Als Beilage — und nicht wie sonst als Hauptspeise — gibt es Fleisch, z. B. in Scheiben geschnittenes Kalbsfilet, ganz kurz in Butter und mit Basilikum angebraten. Oder eine Pfanne mit Scampi in der Schale, in Dillbutter oder Knoblauch. Passend dazu: Roséwein. Als Nachspeise gibt's verschiedene frische Früchte und dazu — damit das Motto gewahrt bleibt — für jeden Gast ein Schälchen Milchreis mit Zimt und Zucker.

Zum Beispiel: Püree

Bieten Sie Selleriepüree mit Croûtons darauf an, dekorieren Sie Karottenpüree mit dünnen Karottenscheiben, belegen Sie das grüne Bohnenpüree mit frischen Bohnen, und bereiten Sie auch noch ein tiefrotes Rote-Bete-Püree vor, obenauf mit Rote-Bete-Juliennes. In der Spargelzeit können Sie auch Spargelpüree bereiten, mit grünen Spargelspitzen darauf. Köstlich dazu, aber wieder nur als Beilage, eine Pfanne mit verschiedenen Lebern: von Huhn, Kalb und Ente mit abgerösteten Zwiebeln auf gedünsteten Apfelscheiben — und vielleicht in der Pfannenmitte gebratene Nierchen. Dazu gibt es nur Rotwein oder Bier.

Tee-Party

Bitten Sie alle Teeliebhaber unter Ihren Freunden zur stilvollen Tee-Party: Bieten Sie verschiedene exklusive Teesorten an, alle frisch gebrüht. Damit man die unterschiedlichen Geschmacksrichtungen gut auseinanderkennt, können Sie die einzelnen Kannen jeweils mit einem hübschen Schildchen beschriften.
Dazu passen trockener englischer Sandkuchen, Hefegebäck und selbstgemachte Marmeladen.

Second-Hand-Party

Laden Sie zu Hause zu einer »Second-Hand-Party« ein.
Denn: überquellende Kleiderschränke gibt es überall. Und fast jeder beklagt sich darüber, daß er viel zu viele Jacken, Kleider, Hosen im Schrank hängen hat, die überhaupt nicht mehr oder nur noch sehr selten getragen werden. Bestimmt ernten Sie für eine Flohmarkt-Idee Beifall von allen Seiten. Jeder kann hier seine Sachen verkaufen, anderes kaufen, es wird probiert und gehandelt. Eine passende Einladung wäre dafür ein Bügel mit der Aufschrift: »Ich häng' an Dir«. Die Vorbereitung ist wenig aufwendig – Sie sorgen nur dafür, daß genügend Platz ist, ausreichend Kleiderständer vorhanden sind (mit Besenstielen können Sie die selbst bauen) und auch Ablagen für Hüte, Tücher und Taschen. Und unentbehrlich: ein großer Spiegel. Das Essen bleibt dabei ganz sicherlich im Hintergrund. Schließlich dreht sich alles bei diesem Fest um Mode, Trends, Preise und Nostalgie. Bieten Sie einfach Sandwiches und ein erfrischendes Getränk an – das genügt vollkommen. Original Flohmarkt-Stimmung kommt auf, wenn Sie das Ganze auf dem Dachboden, im Hinterhof oder in einer Garage veranstalten können – oder sofern das Wetter mitspielt, mitten auf der Wiese.

Bio-Party

Verschicken Sie an jeden Gast einen kleinen Karton mit Sprossen oder Keimlingen – und dazu eine Einladung: »Ihr lernt Neues kennen ...« Auf dem Fest gibt es dann auch (fast) nur Sprossen und Keimlinge: als Salat, mariniert, süßsauer, gebraten und gedünstet. Dazu Fisch in der Folie – gedünstet oder gegrillt – das kann Renke, Forelle oder Saibling sein.

Feine Nacht

Geben Sie der Stillen Nacht den Zauber einer ganz besonderen, feinen Nacht. Zu Gast daheim: Ihre Familie

Immer mehr Menschen leben allein und fühlen sich durchaus wohl dabei. Aber an Weihnachten, dem Familienfest – wer will da schon Single sein? Ich wollte es schon vor fünfundzwanzig Jahren nicht und beschloß deshalb just am Heiligen Abend, eine eigene Familie zu gründen. Also zog ich von zu Hause aus – nicht ohne mir noch Mutters Weihnachtsbraten einverleibt zu haben – und bei meiner Liebsten ein. Nichts brachte ich mit – nur mich selbst. Allerdings »hübsch verpackt« mit einer breiten Geschenkbandschleife um den Hemdkragen. Fürs erste ging das gut. Aber fürs Zusammenleben braucht's auf Dauer nun mal mehr. Gerade Weihnachten ist ein schöner Anlaß, im Familienkreis einen besonders festlichen Abend miteinander zu verbringen, an dem die Familienmitglieder die wichtigsten Gäste sind. Das fängt bei liebevollen Kleinigkeiten an, Tischkarten zum Beispiel – obwohl vermutlich jeder weiß, wo er sitzen wird – und hört bei zusätzlichen Aufmerksamkeiten auf – vielleicht einem Gastgeschenk … Und noch eines: »Wenn das Dach offen ist, gehören die Sterne zum Fest«, wie es so schön symbolisch in einem Dichterwort heißt. Vielleicht kennen Sie einsame Menschen, die Sie an den Feiertagen einladen können. Sie werden sehen, wieviel Freude Sie sich dadurch selbst bereiten können …

Auf feinem Stoff oder einem nostalgischen Schlitten kommen Geschenke besonders gut zur Geltung

Meine Ideen

Welche Einstellung man auch zum Weihnachtsfest haben mag – ob christlich-besinnlich, nostalgisch angehaucht oder sehr sachlich – es ist ein ganz besonderes Fest! Ich neige zu ersterer Stimmung, und darum dürfen Sie von mir auch nicht erwarten, daß ich Ihnen hier ausgeflippte Micki-Maus-Ideen à la USA liefere. Das bedeutet aber wiederum nicht, daß ich die Tatsache »andere Länder, andere Sitten« nicht respektiere.

Im Gegenteil: Es kann ein Weihnachtsfest durchaus beleben, wenn man schöne Bräuche aus anderen Ländern übernimmt. Besonders, wenn man auch zu den Menschen gehört, die im Urlaub gern die Eßsitten anderer Völker genießen oder daheim gern zum Essen ausgehen – zum Griechen, zum Italiener oder zum Chinesen... Also kann man doch auch einmal den Weihnachtsabend mit den speziellen Gaumenfreuden anderer Völker bereichern. Wenn man dazu auch noch das Ambiente anpaßt, wird's doppelt interessant: Zu einem »American-Christmas« gehören dann nicht nur der gefüllte Truthahn, Drinks, Whisky-Likör, ein Rootbeer, sondern auch – very important – eine prächtige Abendgarderobe. Zum englischen Plumpudding dürfen die Mistelzweige an der Decke nicht fehlen – die traditionellen Glückwunsch-Bussis darunter bringen ziemlich viel Glück, sagt man. Im skandinavischen Reisbrei ist auch eine kleine Glücksfigur versteckt! Die Schweiz bietet traditionsgemäß gekochte Kalbszunge, und die französische Küche wartet mit einer leckeren Biskuitroulade auf, die mit Kastanienpüree oder Buttercreme gefüllt ist und alles Kalorienzählen über den Haufen wirft.

Wie auch immer – spätestens zwei Wochen vor dem Fest sollten einfach die wichtigsten Fragen geklärt sein: Wieviel Arbeit und Aufwand will man investieren? Und wieviel davon kann man an Helfershelfer, üblicherweise die lieben Familienmitglieder, delegieren?

Das kann übrigens auf spannende und nette Art geschehen: Der eine sollte sich für den Tischschmuck zuständig sehen, der andere möchte hübsche Tischkarten und die Speisekarte erstellen, der nächste wiederum übernimmt die »musikalische Leitung« und besorgt vielleicht rechtzeitig die »Bach'schen Motetten« oder Ludwig Thomas »Weihnachtsgeschichte von der Heiligen Nacht«. Und damit der Chor der Stimmen vor dem brennenden Christbaum nicht nach wenigen Tönen kläglich verstummt, hat man vielleicht die Weihnachtslieder mit sämtlichen Strophen kopiert oder alle motiviert, sie endlich einmal auswendig zu lernen.

Soll es ein schlichtes Fest werden, bietet es sich an, überlieferte Traditionen aufleben zu lassen: In München gibt's seit jeher Weißwürste, dazu Senf und Brezeln mit Butter. In Franken und Sachsen gehört zum Heiligen Abend ein deftiger Heringssalat mit Äpfeln und Mayonnaise und dazu Kartoffeln. Auch eine Kartoffelsuppe mit Majoran kann zur schlichten, doch stilvollen (Familien-)Tradition gehören.

Will man sich wenig Arbeit machen, aber dennoch etwas Feines auftischen, geht das natürlich auch. Das Angebot in den Feinkostgeschäften ist zur Weihnachtszeit exzellent. Sie müssen sich nur entscheiden. Entweder, Sie wählen fertige Pasteten von Fasan, Wachtel oder Rebhuhn, oder lieber frischen Lachs und geriebenen Meerrettich mit Apfelmus vermischt, dazu einfach nur Toast mit Butter. Köstlich sind auch Langusten mit passenden Saucen.

Ein ganz besonderer Blickfang wäre ein kleiner Christbaum in der Mitte der Tafel, behängt mit Leckereien: kleinen Pastetchen, grob gepfefferten Aalstückchen, Räucherlachs-Röllchen, Zwergtomaten, auch Datteln und Feigen. Die Füllungen und Saucen reicht man natürlich extra, vielleicht in kleinen, silbern schimmernden Backformen in Stern-,

Kapaun — immer ein Festbraten: Dieser hier wird mit in Sahne glacierten Maronen und feinem Blaukraut mit Preiselbeeren serviert (Rezept S. 192)

Sonne- oder Mondform, die man normalerweise für die Törtchen-Bäkkerei nimmt.

Möchten Sie aber ein richtiges, klassisches Weihnachtsessen für das große Rund der Familie anbieten, dann könnte das so aussehen: Als Vorspeise gibt es Lachsfilet, dann eine Maronensuppe. Der Hauptgang ist ein gebratener Kapaun (Rezept S. 192), dazu servieren Sie Selleriesalat. Als Abschluß gibt es Schokoladenpudding mit Walnüssen und flüssiger Sahne oder eine frische Ananas.

Urig-zünftig mit einem Hauch von Abenteuer können Sie ein Weihnachten in den Bergen verbringen. Wenn Sie rechtzeitig buchen und vorbereiten, können Sie mit Sack und Pack und zünftigem Essen an Weihnachten in eine Berghütte einziehen. Gleich von außen können Sie Weihnachtsstimmung signalisieren: Behängen Sie die Hütte mit Lichterketten, also winzigen elektrischen Glühbirnen. Es gibt sie im Kaufhaus oder im Dekofachgeschäft, einfarbig in Weiß oder Rosa, aber auch kunterbunt. Sie können das Lichtergewirr noch mit Tannengrün verkleiden und mit kleinen künstlichen roten Äpfeln verschönern. Wenn dann die Crew nach der Christmette aus dem Tal herauffährt, womöglich mit einem — rechtzeitig vorbestellten — Pferdeschlitten, dann kann sich bestimmt niemand mehr der festlichen Weihnachtsstimmung entziehen. Vielleicht schneit's auch noch dazu. Ein Ambiente, bei dem einem an Weihnachten sowieso warm ums Herz wird …

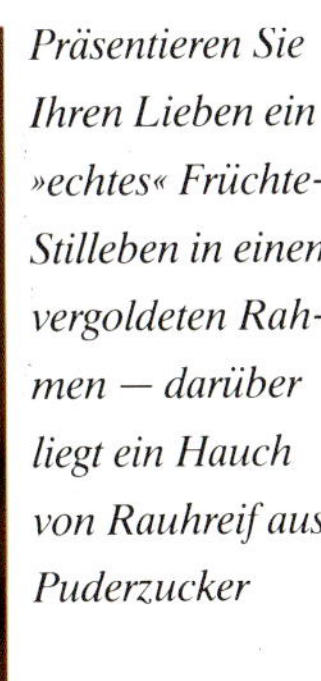

Präsentieren Sie Ihren Lieben ein »echtes« Früchte-Stilleben in einem vergoldeten Rahmen — darüber liegt ein Hauch von Rauhreif aus Puderzucker

Meine Tips

Der Raumschmuck wird üblicherweise immer ein prächtiger Christbaum sein. Aber nicht jeder hat Platz dafür und mancher verzichtet prinzipiell darauf. Aber auch ohne großen Aufwand können Sie Weihnachtsstimmung zaubern:

- Dicke Weihnachtskugeln — unterschiedlich groß, ein- oder mehrfarbig — können Sie zu einer äußerst dekorativen Traube zusammenfügen und mit Tannenzweigen aufhängen.
- Einen Strauß von Tannengrün in den unterschiedlichsten Farbtönen ergeben Zweige von Blautanne, Arizona-Zypresse, Latschen und Seidenkiefer. Wie blinkende Sterne wirken Zimtsterne, wenn diese in Klarsichtfolie eingepackt und dazwischengesteckt werden. Schmuck sehen auch polierte, rote Nikolausäpfelchen (mit Draht eingesteckt) aus.
- Elektrische Lichterketten mit winzigen Birnen unterhalb der Zimmerdecke befestigt und darunter Stoff gezogen — Futterseide oder Taft — ergeben einen romantischen »Sternenhimmel«.

Der Tischschmuck wird eine liebevolle Farbeinheit sein — das lohnt sich und macht obendrein Freude:

- Lametta, auf dem Tisch großzügig ausgebreitet, ist eine ideale Unterlage für dekorative, unterschiedlich große Weihnachtskugeln in Blau, versilberte Mistel- oder auch Tannenzweige.
- Blautanne als Tischbedeckung bietet sich für einen rustikaleren Touch an: Legen Sie darauf Äpfel, Clementinen (noch mit Blättern), Nüsse aller Art und kleines Lebkuchengebäck. Versetzt können Sie auch Kerzenstumpen »einbauen«. Es gibt übrigens auch Kerzen mit Tannenduft!
- Sehr fein und nostalgisch wirkt eine durchbrochene Spitzendecke auf kontrastfarbenem Unterstoff.
- Einen zarten, festlichen Effekt erreichen Sie, wenn Sie auf einen bloßen Holztisch Goldglimmer mit Sternchen streuen und nur Sets aus edlem Stoff oder Spitze auflegen.

Tischkarten sind nun eine besondere Aufmerksamkeit — gerade für Familienmitglieder. Also:

- Kleine Engel aus Stoff oder Leinen halten das Namensschildchen.
- Glatte Lebkuchen kann man sehr dekorativ mit Initialen aus weißem Zuckerguß verzieren oder auf die Oblatenseite mit dunkler Spritzschokolade die Namen schreiben.
- Rote Nikolausstrümpfe gibt es auch noch nach dem 6. Dezember zu kaufen. Mit dem Namenszug bestickt, mit einer netten Kleinigkeit gefüllt und über die Stuhllehne gehängt, weisen Sie jedem auf liebenswürdige Art seinen Platz.
- Versilberte Serviettenringe sind nicht so teuer. Ebenfalls günstig kann man Namen oder Initialen im Kaufhaus eingravieren lassen.

Ein Traum in Pastell: Wer möchte an diesem liebevoll gedeckten Tisch nicht gerne Platz nehmen? Der Clou: Ziehen Sie doch auch den Stühlen ein Festtagsgewand über — im gleichen Stoff wie die Tischdecke. Zum Verzieren: Satinbänder und üppige Schleifen

WEIHNACHTS-GEHEIMNIS

Weihnachtsplätzchen werden im allgemeinen lange vor dem Heiligen Abend gebacken. Das gehört zu den Freuden der Adventszeit. Mein Tip: Bereiten Sie doch (noch einmal) eine Lage Plätzchen vor, welche Sie, kurz bevor Sie feiern oder Gäste eintreffen, in die Backröhre schieben. Der sich verbreitende, unverwechselbare und köstliche Duft zaubert eine vertraute Stimmung. Und nun darf auch sofort genascht werden.

Nostalgisch: Bratäpfel

Wenn zur Weihnachtszeit die Bratäpfel im Rohr oder im Kamin vor sich hinbruzzeln, sind Gemütlichkeit, Gaumenschmaus und Geselligkeit angesagt … Die Äpfel (am besten mürbe, säuerliche wie Boskop oder Cox Orange) haben's in sich: gehackte Nüsse mit Zimt, Zucker und Preiselbeeren. Dazu gibt's Vanillesauce und heißen Punsch.

Modern: Lachsschnitten

Eine pikante Vorspeise, die Appetit macht: Balik-Lachsschnitten in fingerdicken Scheiben. Sie werden mit Zitronensaft beträufelt, im Kühlschrank eine Weile zugedeckt stehengelassen und vor dem Servieren mit Kresse bestreut und mit Pfeffer übermahlen.

Kapaun mit glacierten Maronen

(Abbildung Seite 189)
Rezept für vier bis fünf Personen:

1 bratfertiger Kapaun (ca. 2 kg), 1 Bund Petersilie (gewaschen und abgetropft), Salz, Pfeffer, Butter und Öl zum Braten, ½ l Geflügelbrühe, 200 g feingewürfeltes Gemüse (z. B. Zwiebel, Sellerie und Karotte), ½ l trockener Weißwein, 50 g eiskalte Butter. Für die glacierten Maronen: 500 g Maronen (kreuzweise eingeritzt, im Backofen geröstet und dann geschält), 200 g feiner Zucker, 1 TL Zitronensaft, ¼ l süße Sahne

Den Kapaun waschen, trockentupfen und mit der Petersilie füllen. Dann mit Salz und Pfeffer einreiben.

Ein Gemisch aus Butter und Öl in einer Kasserolle erhitzen und den Kapaun darin rundum goldgelb anbraten. Im vorgeheizten Backofen bei 180° 50 bis 60 Minuten braten, dabei ab und zu mit Geflügelbrühe begießen. Nach etwa der Hälfte der Garzeit das Gemüse hinzufügen. Wenn sich das Fleisch

beim Einstechen mit einer Gabel leicht löst und klarer Saft ausläuft, ist der Kapaun gar. Dann herausnehmen und warmstellen. Den Bratensatz mit der restlichen Geflügelbrühe und dem Weißwein auffüllen und auf die Hälfte einkochen lassen. Anschließend durch ein feines Sieb passieren und die Butter montieren. Für die glacierten Maronen den Zucker mit dem Zitronensaft in einem Topf erhitzen, bis er goldbraun ist. Dann mit der Sahne ablöschen. Die Maronen hinzufügen und darin weichkochen. Dazu passen: in Gänsefett mit Äpfeln gedünstetes und mit Preiselbeeren abgeschmecktes Blaukraut und Salzkartoffeln.

Vergoldete Plätzchen-Kunst

Köstlich zubereitete Plätzchen gehören einfach zur Weihnachtszeit. Setzen Sie doch einmal gold-glänzende Akzente beim Verzieren, wie man es von Pralinen her kennt. Blattgold gibt es in hauchdünnen Blättern günstig zu kaufen. Es wird vorsichtig mit einem feinen Pinsel nach dem Backen auf die Plätzchen getupft oder gestrichen. Ein sehr festlicher Schimmer, der vor allem auf Schokoladenplätzchen zur Wirkung kommt. Wer's schlichter liebt: Auch fein geschabte Schokoladenraspel auf hellen Plätzchen sehen edel und lecker aus. Wenn man das Ganze noch auf noblem Geschirr serviert, einen feinen Cognac dazu reicht, ist die weihnachtliche Kaffeetafel perfekt.

Stilvoller Auftakt

So präsentieren Sie Ihr Weihnachtsmahl wirkungsvoll: mit Feder und Tinte in feiner Schrift auf edlem Papier geschrieben.

Übrigens:

Wie wär's, wenn Sie einmal ein »Julklapp«-Paket schnürten: Es ist ein alter Brauch aus skandinavischen Ländern, wo die Erinnerungen an die heidnische Sonnwendfeier und ihre Rituale noch lebendig sind: Der »Julklapp« — das ist ein riesiges, äußerst umständlich gepacktes Paket, das alle gemeinsam auspacken. Es enthält viele kleine Überraschungspäckchen für jeden. Brauch ist's auch, jedem ein kleines Gedicht zu widmen. Eine rundum sehr persönliche Sache also.

EXTRA REZEPTE

Plätzchen

Vanillekipferl

270 g Mehl, 100 g Haselnüsse (feingemahlen), 140 g Puderzucker, 1 Prise Salz, 220 g Butter. Außerdem: 120 g feiner Zucker, 1 Päckchen Vanillezucker

Das Mehl mit den Nüssen, dem Puderzucker und dem Salz vermischen. Dann die kalte Butter in Stückchen hinzufügen. Alles mit einem großen Messer durchhacken, bis die Masse feinkrümelig ist. Dann mit den Händen rasch zu einem glatten Teig verarbeiten. Im Kühlschrank ca. 1 Stunde ruhen lassen. Anschließend aus dem Teig fingerdicke Stränge rollen, in drei Zentimeter lange Stücke schneiden und Kipferl formen. Im auf 200° vorgeheizten Backofen 10 bis 15 Minuten backen. Inzwischen den Zucker mit dem Vanillezucker vermischen. Die noch heißen Plätzchen nach dem Backen vorsichtig darin wälzen.

Orangenblätter

160 g Eiweiß (von 5—6 Eiern), 160 g Zucker, 80 g Mehl, 120 g Mandeln (feingerieben), 100 g Orangeat (feingehackt), 1 Prise Salz, 160 g geschmeidige Butter. Außerdem: Butter und Mehl fürs Backblech, 200 g Orangen-Gelee

Das Eiweiß mit dem Zukker ganz steif schlagen. Das Mehl mit den übrigen Zutaten vermischen und unter den Eischnee heben. Auf gebutterte und leicht mit Mehl bestäubte Backbleche kleine, runde Plätzchen spritzen. Im auf 180 bis 200° vorgeheizten Backofen ca. 10 Minuten goldgelb backen. Nach dem Abkühlen je zwei Plätzchen mit Orangen-Gelee bestreichen und zusammensetzen.

Käfer Weihnachtsstollen

1 Würfel Hefe, 125 ml Milch (lauwarm), 500 g Mehl, 250 g Butter, 150 g Zucker, 80 g Mandelblättchen, 1 Eigelb, 1 gestrichener TL Salz, 10 g Stollengewürz, Schale von ½ unbehandelten Zitrone (fein abgerieben), 220 g Rosinen, 90 g Zitronat (feingehackt). Außerdem: 150—200 g Butter zum Bestreichen, 1—2 Päckchen Vanillezucker, Puderzucker

Die Hefe zerbröckeln und mit der lauwarmen Milch und etwas Mehl verrühren. Zugedeckt an einem warmen Ort ca. 20 Minuten gehen lassen. Inzwischen das Mehl in eine Schüssel sieben. Dann die Butter, den Zucker, die Mandelblättchen, das Eigelb, die Gewürze und die Zitronenschale hinzufügen. Den Hefeansatz dazugeben und alles so lange kräftig verkneten, bis der Teig glatt und geschmeidig ist und sich leicht vom Schüsselrand löst. Zu einer Kugel formen und auf ein mit Mehl bestäubtes Blech legen. Dann mit einem Tuch zudecken und mindestens 1 Stunde gehen lassen. Anschließend die Rosinen und das Zitronat unterkneten. Den Teig ausrollen, mit 50 g Butter bestreichen und mit Vanillezucker bestreuen. Dann der Länge nach einmal so zusammenschlagen, daß der obere Teil etwas kleiner ist und der Teig dadurch die Stollenform erhält. Dann an einem warmen Ort noch mal gehen lassen. Im auf 200° vorgeheizten Backofen ca. 1 Stunde backen. Danach mit Butter bestreichen und mit Vanillezucker bestreuen. Nach dem Erkalten dick mit Puderzucker übersieben.

Tip:
Stollen wird besonders saftig, wenn man die Butter zum Bestreichen stark erhitzt und die Molke abgießt. Noch besser: Soviel Butter erhitzen, daß man den ganzen Stollen hineintauchen kann. Anschließend auf einem Kuchengitter gut abtropfen lassen.

Butterplätzchen

400 g Mehl, 160 g Puderzucker, ½ Päckchen Backpulver, 1 Prise Salz, 200 g Butter, 1 Ei. Außerdem: 1—2 Eier zum Bestreichen, bunte Zuckerstreusel, Hagelzucker oder Mandelblättchen zum Bestreuen

Das Mehl mit dem Puderzucker, dem Backpulver und dem Salz vermischen. Dann die kalte Butter in Stückchen und das Ei hinzufügen. Alles mit einem großen Messer so lange durchhacken, bis die Masse feinkrümelig ist. Dann mit den Händen rasch zu einem glatten Teig zusammenfügen. Im Kühlschrank 1 Stunde ruhen lassen. Anschließend drei bis vier Millimeter dick ausrollen und beliebige Formen ausstechen oder -schneiden. Mit verquirltem Ei bestreichen und mit Zuckerstreuseln, Hagelzucker oder Mandelblättchen bestreuen. Im auf 200° vorgeheizten Backofen 10 bis 15 Minuten goldgelb backen.

Kokosmakronen

350 g Zucker, 150 g Eiweiß (von 5—6 Eiern), 250 g Kokosraspeln, je 20 g Orangeat und Zitronat (beides feingehackt). Außerdem: Backoblaten

Alle Zutaten zusammen in einem Kupfertopf unter ständigem Rühren gut abrösten. Dann die Masse mit einem Spritzbeutel mit der Sterntülle Nr. 10 auf Oblaten spritzen und antrocknen lassen. Im auf 220° vorgeheizten Backofen 10 bis 15 Minuten backen.

Tip:
Wichtig: Unbedingt einen Topf mit Kupferboden verwenden. Er verhindert das Anbrennen der Masse und leitet die Hitze besonders gut und gleichmäßig.

Schokomuscheln

250 g Roh-Marzipan, 150 g Butter, 75 g Puderzucker, etwas Vanille- und Zitronen-Aroma, 2 Eiweiß, 200 g Mehl, 50 g Kakaopulver. Außerdem: Aprikosenkonfitüre, Schokoladenglasur

Das Roh-Marzipan mit der Butter gut verkneten. Dann mit dem Puderzukker und den Aromen schaumig rühren. Nach und nach das Eiweiß unterrühren. Das Mehl mit dem Kakaopulver sieben und unter die Masse mischen. Mit einer Sterntülle Nr. 8 Muscheln auf mit Backpapier belegte Bleche spritzen. Im auf 180° vorgeheizten Backofen 10 bis 12 Minuten backen. Nach dem Erkalten mit Aprikosenkonfitüre bestreichen, zusammensetzen und eine Hälfte in Schokoladenglasur tauchen.

Schokoladenbrezeln

280 g Mehl, 40 g Kakaopulver, 140 g Puderzukker, 1 Prise Salz, 150 g Butter, 1 Ei. Außerdem: Kuvertüre oder Fettglasur

Das Mehl mit dem Kakaopulver, dem Puderzucker und dem Salz vermischen. Dann die kalte Butter in Stückchen und das Ei hinzufügen. Alles mit einem großen Messer durchhakken, bis die Masse feinkrümelig ist. Dann mit den Händen rasch zu einem glatten Teig verarbeiten. 1 Stunde kühl stellen. Anschließend kleine Brezeln aus dem Teig formen. Im auf 200° vorgeheizten Backofen ca. 10 Minuten backen. Nach dem Abkühlen mit Kuvertüre oder Fettglasur überziehen.

Tip:
Man kann den Teig auch als Ringe auf Backpapier spritzen und nach dem Backen und Abkühlen den Weihnachtsbaum mit ihnen schmücken.

Gerd Käfer: Feste ausrichten

Feste zu feiern, das bedeutet für Gerd Käfer, Menschen Freude zu schenken. Das heißt aber auch professionelle Planung und perfekte Durchführung bis ins Detail. Er kann aus dem Stand 20000 Menschen mit allem Drum und Dran bewirten – und so hat er zu Recht den Ruf erworben, daß ihn so schnell nichts und niemand in Verlegenheit bringen kann. Seine Feste sind wie Zirkus – mit Aufbau, Spektakel, Abbau – und zurück bleibt die Erinnerung an ein großes Ereignis. Dazu gehören Phantasie, Kreativität und manchmal ein bisserl verrückte Ideen – am liebsten wäre er nämlich Clown geworden. Die Küche ist bei Käfer nur ein Mosaikstein im Gesamtkunstwerk – allerdings ein sehr wichtiger.

heißt Freude schenken

Foto links: Schloß Schleißheim bei München — traumhafter Rahmen für rauschende Käfer-Feste. Foto rechts oben: Gerd Käfer faßt oft genug selbst mit an. Foto ganz rechts oben: Immer ein besonderer Gag: festlich gestaltete Menu- und Einladungskarten. Foto rechts Mitte: Der Inbegriff eines Festsaales: prachtvolles Schloß-Ambiente für die große Gesellschaft. Foto rechts unten: Die Farbe Lila hat das Sagen: Kunstvoll arrangierte Käfer-Tafel in festlichem Ambiente. Foto ganz rechts unten: Neuschwanstein einmal anders: Die dreistöckige Torte wurde in der Käfer-Patisserie für einen 50. Geburtstag kreiert.

Gerd Käfer: Mein schärfster Kritiker bin ich selbst

Wie läuft das ab, wenn die Party oder das Fest, die Einweihung oder das Jubiläum nicht »hausgemacht« sein soll oder kann, sondern bei Gerd Käfer in Auftrag gegeben wird? Was ist bei ihm anders als anderswo?

Da kommt also ein Gastgeber und bestellt eine Party. Es sind keineswegs immer die Geld- oder sonstigen Adeligen, Industriellen oder Prominenten, die ihre Feste von Käfer ausrichten lassen. Keiner wird verschmäht, keiner ist zu klein, jeder Auftrag wird ganz individuell abgewickelt. Bei jedem Kunden macht das Käfer-Team einen Hausbesuch oder man besichtigt gemeinsam den Ort, an dem das Fest stattfinden soll. Denn schließlich ist jedes Fest eine Uraufführung. Kaum, daß sich zwei Orte gleichen oder die Gäste dieselben sind. Also beraten Käfer und seine Leute nach den speziellen Umständen, da gibt es weder Checkliste noch Organisationsschema, in das der Kunde hineingepreßt wird.

Bei der Ortsbesichtigung entscheidet sich zum Beispiel, ob einem Terrassenüberbau, einer Schwimmbadüberdachung oder einem Zelt der Vorzug gegeben wird. Man bespricht den Anlaß des Festes und informiert sich detailliert über den Kreis der Gäste. Schließlich essen Schriftsteller anders als Fußballer, ein Damenkränzchen speist anders als eine Olympiamannschaft ... Bei dieser Gelegenheit werden auch gleich Polaroidphotos geschossen, wonach später die Dekorationsstoffe und Farben ausgewählt werden.

Ein Fest zu feiern, heißt ja nicht nur, im Kreise mehr oder weniger miteinander bekannter Zeitgenossen zu schlemmen, da muß die ganze Aufmachung, das Ambiente, stimmen, da braucht man möglicherweise Musiker, Künstler, Attraktionen. Das alles bietet Gerd Käfer, daher rührt auch sein Ruf als »Tafeldecker der Nation«. Daß der kulinarische Teil stimmt, dafür sorgen bei Käfer mehr als 100 Köche. Auch das dürfte ein Käfer-Superlativ sein. Gerd Käfer macht alles rund ums Fest und ist so zum Partykönig Nummer eins geworden.

Manche Kunden legen die Organisation des Festes völlig in Käfers bewährte Hände, lassen sich beraten und ihn dann schalten und walten, wie er es für richtig hält.

Aber normalerweise geht's nach dem ersten Gespräch in die nächste Runde: Detailbesprechung und Ablaufplan in Käfers Büro. Eine Sekretärin schreibt mit. Das dauert zwei bis sechs Stunden. Die Offerte für das komplette Fest wird ausgearbeitet, sie umfaßt im Schnitt zwischen 10 und 60 Seiten.

Foto links: In dieser Hochzeitstafel steckt Musik: ein Himmel voller Geigen für das glückliche Brautpaar. Foto ganz links unten: Stehempfang auf einem alten Marktplatz in der Filmkulisse der Bavaria Filmstadt. Foto links unten: Jede Festidee braucht einen Bezug zum Gastgeber. Auf der Leinwand werden Jugendfotos zu sehen sein. Foto rechts oben: Gerd Käfer, hier auf dem Frankfurter Opernball, kocht selbst mit und richtet auch mit an. Foto rechts Mitte: Dekoration für den Geburtstag eines Fahrschulbesitzers, der mit seinen Schülern feierte. Foto rechts unten: Geschultes Fachpersonal bespricht die letzten Details vor dem großen Fest.

Gerd Käfer: Mich bringt niemand in Verlegenheit

Das ist dann nicht etwa ein trockenes Angebot, es liest sich richtig spannend, gut geeignet als Wochenendlektüre für den Gastgeber. Hier sind unter anderem Vorschläge für Mobiliar und Dekoration enthalten, bis ins kleinste Detail geplant.

Besonders beliebt sind Zeltfeste, eine typische Käfer-Idee. Über 22 Zelte — oder anders ausgedrückt — über 2400 Quadratmeter Zeltfläche kann verfügt werden. Erst ein einziges Mal standen bisher alle Zelte zusammen auf einem Platz. Inzwischen wurde die Zeltidee zur Pavillonidee à la Gründerzeit weiterentwickelt, mit Fenstern bis zum Boden. Immerhin 300 Personen kann das größte Zelt aufnehmen. Und für jedes gibt es natürlich Fußböden und Teppiche in allen gewünschten Farben. Die sind überhaupt besonders wichtig. »Bloß nicht zu bunt!« ist die Devise.

Vom Mobiliar bis zur Dekoration, vom Toilettenwagen, der Garderobenmarke, der technischen Ausstattung, dem Musikprogramm über Gastgeschenke, Menu- und Tischkarten, Licht, bis hin zum wichtigsten, dem Personal — nichts entgeht der Planung. In Käfers Schreinerei stellen sechs Fachleute nahezu al-

Foto oben: Gerd Käfer hat alles unter Kontrolle — auch den Zirkus vor dem Aufbruch. Foto Mitte: Stil und Klasse auch in der Zeltbar — Gläser und Getränke sind liebevoll arrangiert, und ein erstklassiger Barkeeper erfüllt jeden Getränkewunsch. Foto unten: Dekoration für die Feier eines Autozubehör-Herstellers, der's gern schwarz-weiß hat.

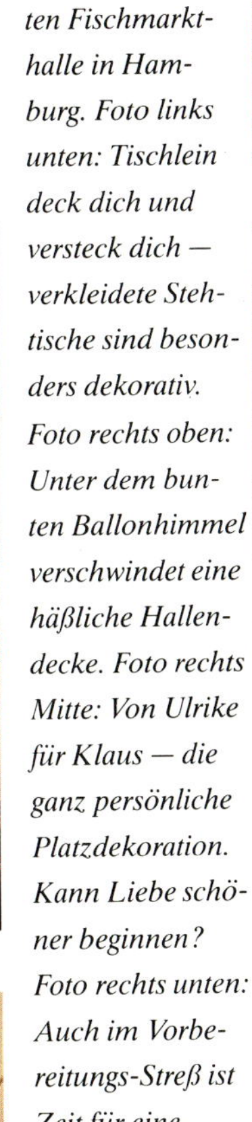

Foto links oben: Zubereitung an Ort und Stelle ist eine der wichtigsten Maximen. Nichts ist vorgekocht, selbst das Gemüse wird frisch geputzt. Foto links Mitte: Stimmungsvolles Bankett in der alten Fischmarkthalle in Hamburg. Foto links unten: Tischlein deck dich und versteck dich — verkleidete Stehtische sind besonders dekorativ. Foto rechts oben: Unter dem bunten Ballonhimmel verschwindet eine häßliche Hallendecke. Foto rechts Mitte: Von Ulrike für Klaus — die ganz persönliche Platzdekoration. Kann Liebe schöner beginnen? Foto rechts unten: Auch im Vorbereitungs-Streß ist Zeit für eine selbstbereitete Tasse Tee.

Gerd Käfer: Nur feiern müssen Sie noch selbst

les her, was aus Holz ist und zur Ausstattung der Party beitragen kann. Die eigene Schlosserei und Schmiede tun ebenfalls das Ihrige dazu.

Ein Blick ins Lager zeigt schier unermeßliche Möglichkeiten: Geschirr ist für 20000 Personen vorhanden, ob Käferdekor, Mozart- oder Rillengeschirr, und natürlich entsprechende Bestecke und Gläser (allein für 800 Personen Kristallgläser!). Zusätzlich endlose Mengen an Ziergläsern in allen Farben, Zinn, Kerzenleuchter, Platzteller in 20 verschiedenen Farben, in Silber oder auch in Messing. Es gibt niemanden hierzulande, der etwas Ähnliches zu bieten hat, und das verschafft der Firma Käfer eine einmalige Stellung. Aber das ist es natürlich nicht allein.

Ideen, immer wieder neue, ausgefallene Ideen: Sie sind es, die Käfers Festen erst die Würze geben, sie einmalig machen. Jedes Fest, das er ausrichtet, ist irgendwie anders. Das Motto, unter dem ein Fest steht, spiegelt sich in der Dekoration wider. Wenn der Fußballclub seinen Sieg feiert, wird in den Farben des Clubs dekoriert, feiert das Autohaus, wird's »automobil« …

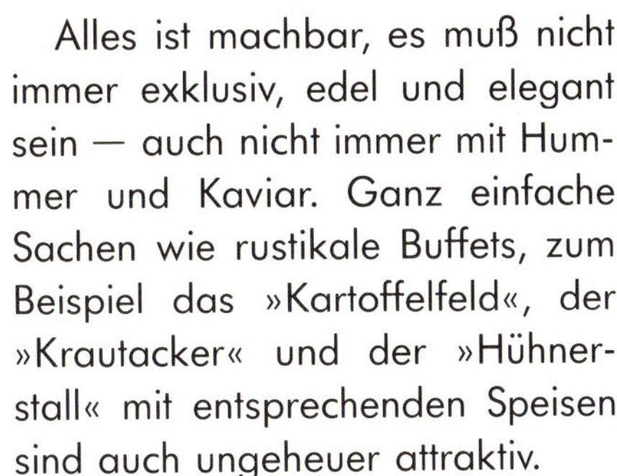

Foto links: Die Hauptarbeit ist getan, der Zelt-Pavillon ist aufgebaut und vorbereitet, die Hochzeitsgäste können kommen. Foto links unten: Dekoration der Blumenkugel im Festzelt – sie bildet den optischen Höhepunkt. Foto unten Mitte: Der Traum vom Clown: Im Fasching wird er für Gerd Käfer wahr. Foto rechts unten: Liebevolle Tischdekoration für die besondere Weihnachtstafel.

Alles ist machbar, es muß nicht immer exklusiv, edel und elegant sein – auch nicht immer mit Hummer und Kaviar. Ganz einfache Sachen wie rustikale Buffets, zum Beispiel das »Kartoffelfeld«, der »Krautacker« und der »Hühnerstall« mit entsprechenden Speisen sind auch ungeheuer attraktiv.

Immerhin arbeiten Bataillone von Mitarbeitern Gerd Käfers im Dienste der Feste: Köche, Konditoren, Kellner, Verwaltungsangestellte, Lagermeister, Schreiner, Schlosser, Maler, Dekorateure, Garagen-, Zelt- und Kellermeister, Metzger, Grafiker, Floristen ...

Der Gastgeber braucht sich um nichts mehr zu sorgen, er kommt als Gast zum eigenen Fest. Aber bevor es so weit ist, wird bei größeren Festen noch ein Probeessen für mehrere Personen veranstaltet, um die Speisenfolge ganz genau festzulegen. Da gibt es vier bis fünf Vorspeisenvarianten, auch mehrere Hauptgerichte und Nachspeisenvorschläge, am Schluß hat's jeder »satt«, aber nur so ist die optimale Lösung für das spezielle Festessen zu finden.

Wenn alles abgesegnet ist, der Ablauf des Festes bis ins Detail steht, beginnen die internen Vorbereitungen. Die einzelnen Abteilungen bekommen Auszüge aus dem Angebot und wissen dann ganz genau, was sie in ihrem Bereich zu tun haben. Kurz bevor das Fest steigt, werden die Zutaten für die Speisen in käfereigene Kühlfahrzeuge geladen, das Personal besteigt die Personalbusse – bei längeren Strecken fliegt man natürlich – und dann geht's los. Gekocht wird fast immer erst vor Ort, ob in der Garage, im Keller oder im Küchenzelt – frische und erstklassige Qualität sind oberstes Gebot.

Und dann sein persönlicher Einsatz: Gerd Käfer ist bei nahezu jedem Fest anwesend, organisiert, improvisiert, dekoriert, bereitet auch schon mal in den frühen Morgenstunden in der großen Pfanne Spiegelei mit gehacktem Eiweiß, Eigelb und Kräutern zu.

»Ich bin nie zufrieden, nicht einmal mit mir selbst«, sagt er. Und wenn dann alles vorbei ist, und der letzte Gast den Ort des Geschehens verlassen hat, beginnt das Aufräumen und der Abtransport, und zwar so gründlich, als hätte da nie ein Fest stattgefunden.

Zuerst verschwinden Küche, Geschirr, Öfen, Zelte. Kann nachts nicht alles bewältigt werden, kommen Tische und Stühle am nächsten Tag dran.

Nicht selten schreiben die Gastgeber Dankesbriefe, weil sie eben nicht nur die Rechnung sehen, sondern auch das Herz, das dabei war.

IMPRESSUM

Konzeption und Gesamtherstellung:
Realis Verlags-GmbH, München
Objektleitung: Cornelius Büchner
Redaktion: Petra Uttlinger-Lisker (verantwortlich),
Rosa Mittl, Dr. Cornelia Topf (Schlußkapitel)
Schlußredaktion: Christine Schäffler
Graphische Gestaltung: Regine Pahl
Fotografie: Friedrich Wondrasch
Foto-Konzeption und Styling: Silvie Schmidt
Food-Styling: Margot Monerjan-Stermann
Illustrationen: Bengt Foßhag
Produktionsassistenz: Brigitte Späth
Fotos Anhang: Sabine Brauer,
Gabriele Rehak-Döring, Jan Roeder, Roger Fritz,
Archiv Feinkost Käfer, Holiday
Vignetten: Heidemarie Vignati
Umschlaggestaltung: Wolfgang Heinzel
Umschlagfoto: ZEFA, Düsseldorf
Satz: Schaber Fotosatz, Wels
Herstellerische Beratung: Franz Nellissen
Lithographie, Druck und Bindung:
Gorenjski tisk, Kranj, Jugoslawien

Für die freundliche Unterstützung bei der
Entstehung des Buches danken wir den Firmen
Löwenbräu, Chandon und Hutschenreuther.

CIP-Kurztitelaufnahme der Deutschen Bibliothek:
Gerd Käfer
Feiern wir ein Fest
1. Auflage, Orginalausgabe, München,
F.A. Herbig Verlagsbuchhandlung, 1990
ISBN 3-7766-1615-6

Und nun
wünsche ich Ihnen
viel Spaß
bei Ihrem Fest

Hutschenreuther. Ein Stück Lebensqualität.

Die Vielfalt der modernen Küche hat unsere Eßgewohnheiten verändert. Essen ist wieder zu einem Bestandteil der Lebenskultur geworden.
Mit seinem Formen- und Dekorreichtum hat sich Hutschenreuther ganz der zeitgemäßen Tischkultur verpflichtet.
Mit einem Service von Hutschenreuther wird das Essen zum Erlebnis.

Silvester
Hutschenreuther Maxim's de Paris© Accent

Fasching
Hutschenreuther Scala© Seta

Ostern
Hutschenreuther Maxim's de Paris© Blanche

Brunch
Hutschenreuther Galleria© Bologna

Hochzeit
Hutschenreuther Viktoria© Verbena

Zeltfest
Hutschenreuther Galleria© Como

Isarparty
Hutschenreuther Blau Zwiebelmuster

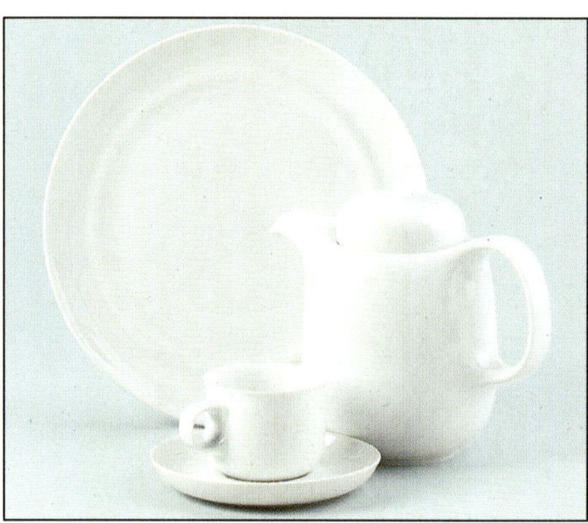

Kinderfest
Hutschenreuther Tavola© Bianca

Erntedank
Hutschenreuther Camaro

Weinfest
Hutschenreuther Weinlaub

Jagdparty
Hutschenreuther Brocade

Weihnachten
Hutschenreuther Olivia Eleganz